LA FABRIQUE DU CRÉTIN

DU MÊME AUTEUR

C'est le français qu'on assassine, Blanche, 2017.
Noirs Dessins, roman, L'Archipel, 2017.
Liberté, Égalité, Laïcité, Hugo doc, 2015.
Voltaire ou le Jihad, L'Archipel, 2015.
Tableau noir, Hugo doc, 2014.
La Société pornographique, François Bourin éditeur, 2012.
Fin de récré. Pour une refondation de l'école, Jean-Claude Gawsewitch éditeur, 2008.
Faits divers, faits d'amour, nouvelles, Hugo doc, 2006.
À bonne école…, Jean-Claude Gawsewitch éditeur, 2006.
La Fabrique du crétin. La mort programmée de l'école, Jean-Claude Gawsewitch éditeur, 2005.
La Corse, Gallimard, coll. « Découvertes », 2004.
Pur porc, roman, Ramsay, 2003.
Sade, Larousse, coll. « La Vie, la Légende », 2000.
Haute-Corse et Corse-du-Sud, Guides Gallimard, 1993.
Entre ciel et mer, le Mont-Saint-Michel, Gallimard, 1988.

JEAN-PAUL BRIGHELLI

LA FABRIQUE DU CRÉTIN

Vers l'apocalypse scolaire

l'Archipel

Un livre présenté par Liliane Delwasse

Notre catalogue est consultable à l'adresse suivante :
www.editionsarchipel.com

Éditions de l'Archipel
92, avenue de France
75013 Paris

ISBN 978-2-8098-4397-2

À Francine

Introduction

« Aujourd'hui, l'École est morte. Éducation nationale décédée, lettre suit », écrivais-je en 2005 en ouverture de *La Fabrique du crétin*. La parodie du début de *L'Étranger* se voulait drôle. Je suis obligé de l'écrire aujourd'hui au premier degré. Oui, l'École de la transmission des savoirs, l'École de la formation des citoyens est morte. Quinze ans plus tard, je n'ai presque plus espoir de changer le cours de la déroute scolaire, à moins d'un changement radical de paradigme, objet de la seconde partie de ce livre.

Depuis le succès inattendu de *La Fabrique du crétin*, j'ai participé à maints débats où revenait sans cesse la même question : « Pourquoi l'Éducation nationale a-t-elle autorisé les dérives successives qui ont conduit à la présente apocalypse scolaire ? » Ce livre tente de répondre de façon cohérente à cette question.

Frappés par un titre qui claquait fort, les lecteurs ont souvent oublié le sous-titre de l'essai : « La mort *programmée* de l'École. » Peut-être parce que le crime était si grand que l'on n'a pas voulu croire qu'il était volontaire, ni en étudier froidement les tenants et aboutissants ou se demander à qui ou à quoi il profitait.

Ne pas croire pour autant que quelques grandes intelligences se sont un jour réunies pour manigancer le déclin de l'École. On se rappelle la jolie formule de Michel Rocard : « Toujours préférer l'hypothèse de la connerie à celle du complot. La connerie est courante. Le complot exige un esprit rare. » À l'hypothèse somme toute flatteuse d'une conspiration de bons esprits, préférez toujours celle d'une conjuration des cloportes.

Il n'y a pas eu de complot, n'en déplaise… aux complotistes. Mais les bonnes intentions d'un lot exceptionnel de médiocrités, soucieuses, pour les unes, d'adapter l'enseignement aux nécessités du marché, et, pour les autres, d'élaborer enfin l'égalité promise par la République en nivelant par le bas, ont suffi à détruire ce que la France avait mis deux cents ans à élaborer. Ce sera l'objet de la première partie.

Chacun a des enfants, des petits-enfants, dont il constate, année après année, le très faible niveau de connaissances. Chacun a entendu ces mêmes enfants répondre, à la question : « Qu'as-tu appris en classe aujourd'hui ? », un « rien » pas même étonné. Comme si aller à l'école était désormais une obligation déconnectée de toute obligation de résultats. Une nécessité formelle, imposée par la loi, mais vidée de toute substance.

J'avoue m'être moi-même bercé d'illusions. La dénonciation des dysfonctionnements massifs, pensais-je, servira d'avertissement. Une réaction s'enclenchera, des voix s'élèveront, une vague de fond obligera les responsables du désastre à reculer…

Illusion d'autant plus forte que je n'étais pas le seul à dénoncer le gâchis. La France avait jadis l'un des meilleurs systèmes scolaires au monde. Elle a plongé dans les profondeurs de tous les classements. Les pays scandinaves d'abord, puis ceux du Sud-Est asiatique l'ont distancée, humiliée, ridiculisée.

Non, jamais un livre n'a changé une politique, quand ceux qui ont voulu cette politique se félicitent de son succès. Que ce soit pour des raisons cyniquement économiques – oui, la médiocrité a des avantages indéniables pour un certain ultralibéralisme européaniste et apatride – ou purement idéologiques (le pédagogisme y a trouvé une matière inépuisable pour développer ses théories fumeuses), la baisse de niveau, que plus personne ne conteste sauf ceux qui justement y trouvent leur compte, ne pouvait être enrayée par des protestations, aussi éloquentes ou bruyantes fussent-elles. Nous fûmes nombreux à hurler – mais à hurler dans le désert. Nos adversaires, à force de se coopter sur la base de leurs insuffisances – et cela fait du monde –, avaient confisqué le pouvoir de décision.

Cette décadence de l'École française, parfaitement parallèle à la décadence de la nation, est un crime prémédité, commis en toute impunité et couronné de succès.

Question subsidiaire, souvent posée elle aussi : « À quel moment l'École a-t-elle commencé à dériver ? » Les lecteurs ont une mémoire longue, qui leur permet de comparer l'enseignement qu'ils ont reçu, il y a parfois soixante ans, et celui que reçoit aujourd'hui leur progéniture. Ils ont entendu les pédagogues proclamer doctement que « les situations ne sont pas comparables » et que « l'enseignement de masse actuel ne peut fonctionner selon les méthodes élitistes d'autrefois ». Oui – mais autrefois, les élèves quittant le CP savaient lire, écrire et maîtrisaient les quatre opérations de base, alors que la division s'apprend aujourd'hui, avec une méthode complexe et aberrante, en CM1-CM2. Et qu'elle est rarement maîtrisée à l'entrée en sixième. Pas plus d'ailleurs que la lecture et l'écriture. Crétins peut-être pas, mais ignares à coup sûr.

On a *voulu* ce désastre, justifié *a priori* et *a posteriori* avec les meilleures intentions du monde. Non, l'École de la République n'a pas du tout dysfonctionné : elle accomplit aujourd'hui de façon routinière ce pour quoi on l'a programmée dans les années 1960-1970.

Parce que ce n'est pas la gauche, chargée de tous les péchés pédagogiques, et qui les a assumés et renforcés dès qu'elle a été au pouvoir, qui a voulu à l'origine cette École déficiente. C'est la droite, avec la bénédiction des autorités européennes. Pas n'importe quelle droite. Disons la droite européaniste et bientôt giscardienne qui s'est trouvée aux manettes, pour ce qui est de l'École, dès les années 1960.

Contrairement à ce que pensent bien des gens, enseignants ou parents d'élèves, l'École n'a jamais failli à sa tâche. La question est d'identifier clairement cette tâche. C'est le cœur du problème. Il n'y a pas d'apocalypse dont on n'escompte un profit.

Extension du principe darwinien : un organisme (l'État, la société) ne fait rien contre sa propre sécurité. Il adapte l'outil à sa survie et à ses ambitions. L'École, depuis toujours, a été l'instrument premier de cette réinvention permanente qui permet au projet de l'État central de survivre et de se conformer à ses objectifs. Il ne s'agit plus de former l'ensemble d'un peuple, mais de dissocier la nation en une petite élite oligarchique et une masse de consommateurs. Le Protocole de Lisbonne, en 2000, gravera ce beau projet dans l'airain des lois européennes.

Quant à la métaphore de l'ascenseur social, c'est une aimable plaisanterie. Il y a beau temps (disons, en gros, près d'un demi-siècle) que l'ascenseur social s'arrête, comme autrefois les ascenseurs des beaux quartiers, aux premiers étages, chez les riches – et que l'on a obstrué l'escalier de service.

Pour ce faire, il fallait modifier sensiblement les programmes et la pédagogie. Les libéraux – qui ne connaissaient rien à l'École – purent alors compter sur les théoriciens libertaires du pédagogisme moderne, très inspirés par des pratiques déjà généralisées aux États-Unis dans les années 1950. En diminuant la part d'instruction au profit d'une éducation quelque peu nébuleuse, et sous prétexte d'amener tout le monde (le collège unique, la « massification » étaient deux conditions nécessaires pour que le projet soit réaliste et réalisable) à un niveau élémentaire, on diminua sensiblement le niveau général.

Darwin encore : la société libérale n'a pas besoin d'un peuple cultivé. Elle a besoin de consommateurs semi-illettrés, susceptibles d'être déplacés comme des pions dans un système ubérisé des pieds à la tête, abrutis de télévision, manipulés à chaque élection pour la plus grande gloire d'une caste en autoremplacement.

Aucun chef d'orchestre n'a pensé ce projet. Le système l'a produit parce qu'il lui était nécessaire, par toute une série de modifications dont la somme fait une révolution. Ainsi s'accomplissent les grandes mutations.

Les pédagogistes ont réalisé, en hommes de gauche qu'ils étaient, le projet politique et économique d'instances européennes et internationales qui les dépassait largement : la dissociation de l'offre scolaire entre quelques établissements d'élite pour la reproduction, et une foule d'écoles déshéritées pour la conservation. Cette séparation des cursus scolaires en deux castes bien distinctes est accomplie depuis deux décennies, et les hurlements des syndicats contre cette École à deux vitesses sont un pur écran de fumée, étant entendu que les enfants des pédagos sont les premiers à être inscrits dans les écoles *ad hoc* et les lycées d'élite. Le succès d'un privé confessionnel de qualité, plébiscité bien au-delà de ses capacités d'accueil, succès qui aurait fait hurler les laïcards de la IIIe République, prouve assez que le critère central désormais est la reproduction d'élites autoproclamées et non l'élévation globale de la population. Non seulement on ne veut pas que le peuple s'élève, mais on désire qu'il stagne, ou régresse. On veut un peuple de consommateurs – un mot qui commence mal.

Nous ne pouvons donc pas nous plaindre de l'inefficacité de l'École : elle remplit admirablement son rôle à l'intérieur d'un certain type de société. On ne la modifiera pas sans changer de paramètres politiques : il faut refaire du bonheur une idée neuve en France.

Bien sûr, ce système figé a engendré une contradiction sur laquelle nous pouvons nous appuyer. La cristallisation des rapports de classes stérilise nécessairement les élites et entraîne une sclérose du pouvoir. Le même inconvénient s'est fait jour en 1789 : l'aristocratie ne trouvait plus en elle les ressources nécessaires pour assurer sa pérennisation. Il est infiniment probable qu'à très court terme le système cherchera à sortir de cette contradiction, parce qu'il en est de la société actuelle comme il en fut jadis du smilodon et autres tigres à dents de sabre : trop perfectionné, l'animal n'est plus adapté à un biotope changeant et disparaît.

Nous avons besoin de nouvelles élites qui apportent du sang neuf au système. Après tout, ce qui a permis longtemps à l'Ancien Régime de se perpétuer, ce fut la capacité des belles aristocrates à se reproduire, de temps à autre, avec des bourgeois fortunés ou des palefreniers robustes.

Jean-Michel Blanquer a parfaitement mesuré les risques que l'encroûtement du système éducatif fait courir à la société dans son ensemble et il a eu à cœur de modifier en profondeur le système. Sauf que les cloportes – la technostructure de la rue de Grenelle et l'ensemble des institutionnels de l'Éducation – ne consentent pas aisément à mourir.

Les mouvements de protestation de quelques individus isolés, dès les années 1980, ne pouvaient être entendus, sauf de quelques rares témoins conscients. Mais ce qui se passe depuis dix ans a outrepassé la mesure, et les crises du système, qu'elles soient intrinsèques (2008) ou extrinsèques (2020), prouvent assez que l'École et la société sont à bout de souffle.

Que certains se cramponnent à leurs privilèges est un réflexe pseudo-darwinien compréhensible. Les aristocrates décadents de 1788 en firent autant, en renvoyant Necker et en se roidissant contre l'hypothèse d'une monarchie institutionnelle à l'anglaise, défendue par Philippe Égalité et la franc-maçonnerie. La monarchie absolue a fini sur l'échafaud, tout comme la société bloquée d'aujourd'hui risque fort d'être emportée par l'émeute qui monte et le chaos qui s'annonce.

Pour se sauver, la société France a besoin d'une révolution, d'un changement total, afin que rien ne change. Savoir si elle en est capable sans passer par l'étape Terreur est un pari que je n'oserai pas risquer, en l'état.

Mais je ne peux laisser dire que l'École n'a pas rempli la tâche qu'on lui avait assignée. Elle a fabriqué une masse énorme de consommateurs semi-illettrés, conformément à la mission que lui avait donnée le capitalisme mondialisé. Seuls quelques esprits supérieurs comprennent en ce moment que le néolibéralisme a besoin de tout autre chose – en particulier de renouveler ses cadres. Le « dégagisme » de ces dernières années, le recours de plus en plus fréquent à l'émeute, la généralisation de la violence et la désaffection du processus électoral sont des signes sûrs de ce glissement progressif vers l'extinction contre lequel une société consciente de ses tares doit se battre si elle ne veut pas mourir.

Savoir si elle en est capable, si elle n'a pas glissé trop loin vers l'abîme est le fond de la question. Mais en tout état de cause, l'École ne sera que ce que la société saura devenir : soit l'instrument d'une dissolution rapide dans l'individualisme et le communautarisme, soit l'outil d'une résurrection[1].

---

1. Quelques chapitres, dans ce qui suit, sont issus d'articles rédigés pour *Le Point*, *Marianne*, *Causeur* ou *Front populaire* et actualisés. Que les rédactions de ces vecteurs d'opinion soient remerciées pour m'avoir ouvert leurs colonnes.

Première partie

L'ÉDUCATION NATIONALE, GRAND CORPS MALADE[1]

1. J'emprunte ce titre au documentaire d'Emmanuel Amara et Jean-Philippe Amar diffusé en 2007. Après tout, je l'ai scénarisé. Le slameur Grand Corps malade en a profité pour sortir en 2008, dans l'album *Enfant de la ville*, une chanson intitulée « Éducation nationale », bien gentillette par rapport à la réalité vécue, non seulement dans les « quartiers sensibles » d'Épinay et d'ailleurs, mais dans toute la France. Ce qui était autrefois réservé à des zones paupérisées est désormais le lot de la plupart des écoliers, collégiens ou lycéens.

1

« Le mal vient de plus loin... »

De Gaulle ne s'intéressait guère à l'Éducation. Elle n'appartenait pas, pour lui, au champ régalien qui était de sa compétence directe de président de la République. Ce qui se passait en classe était probablement, pensait-il, dans le droit fil de ce qu'il avait connu enfant sur les bancs de l'école – privée ou publique. De la rigueur, de l'ambition et une tolérance nulle aux écarts de conduite et d'apprentissage. Silence dans les rangs et coups de règle sur les doigts.

La IIIe République s'était inspirée, pour définir son projet éducatif, de l'école mise en place en Prusse par Bismarck. Ferdinand Buisson, vrai maître d'œuvre des réformes et inspirateur d'un Jules Ferry qui n'était pas une brillante intelligence, pensait que c'était cette école prussienne qui avait gagné la guerre de 1870. L'École française devait donc se métamorphoser si elle voulait gagner la prochaine guerre, dont chacun sentait la nécessité et l'imminence – et elle l'a fait. La victoire de 14-18, avec ses souffrances inimaginables, la résistance des soldats et leur abnégation, leur consentement au sacrifice, est sortie tout entière de l'École de Jules Ferry. *Le Tour de la France par deux enfants*, dont les petits héros contemplent, de loin et les larmes aux yeux, l'Alsace sous la botte prussienne, ou le « roman national » d'Ernest Lavisse avaient fabriqué les mythes pour lesquels les pioupious mourraient volontiers – quitte à minimiser le poids de l'Église. La formule de Péguy pour désigner les nouveaux instituteurs, les fameux « hussards noirs de la République », doit être prise au pied de la lettre : il s'agissait bien alors d'une stratégie guerrière, et Péguy s'enrôla sous les drapeaux en cohérence avec son projet.

Nos présents renoncements devant les bêtises hautaines proférées par les élèves ou leurs affirmations partisanes, la dégringolade à laquelle nous assistons stupéfaits, cette décivilisation où notre vieux monde passe peu à peu la main aux barbares, sortent eux aussi de l'École telle qu'elle s'est transformée depuis soixante ans. Sauf redressement très brutal, la guerre de civilisations dans laquelle nous sommes aujourd'hui englués est d'ores et déjà perdue. Tous ceux, ministres et syndicats, qui jouent en douceur des changements minimes sont de fait complices de cet effondrement. Les gros bataillons des barbares ne sont pas à nos portes ni dans des « quartiers » ghettoïsés, ils sont dans chaque collège, ils sont parmi nous.

Parce que le mal vient de loin. Nous avons pris l'habitude, travaillés en profondeur par les chaînes d'information en continu et le tac au tac de l'actualité et des réseaux sociaux, de ne plus penser ni par réflexion ni par projection, mais dans l'instant. Le renoncement à toute perspective chronologique, dans les programmes d'histoire, avait des motivations profondes – des motivations de marché. On attend de nous un réflexe de consommation immédiat réfutant toute analyse. Les jolies couleurs du produit fini (« la réussite de tous », clament les fossoyeurs de l'École, qui sont allés jusqu'à instituer, en 2021, un ministère délégué à la Réussite éducative et confié à George Pau-Langevin – interdit de rire !) nous empêchent de voir qu'à l'intérieur de l'emballage, il n'y a rien.

Et même moins que rien. Ce que l'on apprend à l'école, désormais, c'est l'extrême relativité de toute opinion et de tout savoir. « C'est votre avis, ce n'est pas le mien », clament des enfants qui ne savent orthographier correctement ni « c'est » ni « avis ». L'autorité du maître a été dissoute dans le chœur des opinions divergentes, dans une cacophonie d'imprécations et de cris de guerre, dans l'atmosphère de débat perpétuel instaurée par des lois intelligemment stupides – ou perverses – et des réseaux sociaux où tout individu pourvu d'un clavier ou d'un smartphone se pense tout-puissant.

On ne m'entendra peut-être pas, mais je le dis d'emblée : l'École ne dysfonctionne pas. Au contraire : elle fait ce pour quoi on l'a programmée – créer un vaste melting-pot, un bouillon d'inculture, où d'un côté les élèves n'acquerront que de très faibles notions, peu sûres, entachées d'approximations, d'erreurs et d'*a priori* idéologiques, et où ils seront par ailleurs encouragés à se nourrir, hors école, de certitudes familiales, religieuses ou ethniques – une culture de communauté. L'École est devenue une matrice dont tout l'effort vise à produire des consommateurs et des travailleurs instables, peu formés et dotés d'un instinct critique d'huître, mais susceptibles d'accepter n'importe quelle tâche, pourvu qu'elle leur permette de regarder la télévision le soir en consommant des nourritures molles.

L'« ubérisation » d'aujourd'hui a commencé dans les cervelles enfantines dès les années 1960. Elle s'est affermie après 1968, certes, mais faire porter aux événements de Mai la responsabilité du délitement ultérieur est un prétexte commode pour ne pas scruter les vraies responsabilités.

Le choc épistémologique final est intervenu en 1976, quand le duo Giscard-Haby – alors ministre de l'Éducation – a décidé, de manière si rapprochée que les deux événements, concomitants, étaient forcément coordonnés, deux mesures dont les effets combinés ont produit l'actuel désastre. À ceci près que pour ses concepteurs, ce ne fut pas du tout un désastre, mais une brillante réussite.

Ces deux mesures sont le collège unique (loi Haby du 11 juillet 1975) et le regroupement familial (29 avril 1976). Ce décret signé par Jacques Chirac, suspendu un temps par Raymond Barre (en novembre 1977) et finalement avalisé par le Conseil d'État le 8 décembre 1978, est la cause première des mutations imposées à l'École quelques mois auparavant. Il était bien sûr dans les tiroirs du gouvernement lorsque la loi Haby fut votée. La combinaison de ces deux événements majeurs de notre histoire récente a produit, par ricochet, les effets secondaires dont le cumul est l'actuel désastre éducatif – ou, si l'on regarde le résultat du point de vue de ceux qui l'ont engagé, sa totale réussite.

Il est nécessaire de retracer les étapes du processus de déstructuration de l'École, pierre de touche de notre présente débâcle. Nos présents renoncements, notre laïcité à géométrie variable, l'Histoire réécrite, la tolérance à l'intolérance religieuse, notre faiblesse face aux revendications de toutes origines, mais principalement communautaristes, tout est relié à cette programmation initiale. On a voulu démanteler l'École, parce qu'elle était l'Ancien Monde et que la modernité – mot brandi comme une référence par les politiciens et les pédagogues, alors qu'il est synonyme de catastrophe – ne voulait surtout pas de citoyens pensants, informés, critiques et cultivés – en un mot, dangereux. Ce que nous appelons « culture » désormais est une macédoine d'idées toutes faites, de poncifs écœurants, d'affirmations hautaines et péremptoires, de programmes télévisés abrutissants et de distance critique nulle. Notre obéissance actuelle à des diktats hygiénistes fluctuants et d'une rationalité suspecte, notre soumission à des décisions qui, si elles avaient été prises par d'autres, auraient mis des millions de personnes dans la rue, sortent de cette école du conformisme qu'est devenu le système éducatif français.

Il faut comprendre quelle chaîne de causes et de conséquences, chacune se greffant sur la précédente et l'amplifiant, a créé cette spirale descendante qui a entraîné l'École dans les abysses. Une décision en soi n'est rien – on peut la révoquer à tout moment. Mais une série de décisions, dont chacune amplifie la précédente, crée un système dont il est bientôt impossible de se déprendre.

C'est cet enchaînement fatal que j'entends ici décrire. Les décadences ne viennent pas par hasard.

Quant à la perspective de se secouer de cette suie idéologique, elle s'éloigne chaque jour. Tout le malheur de Cassandre, on le sait, vient de ce qu'elle dit la vérité, mais que personne ne la croit. Ainsi meurent les civilisations – celle de Troie comme la nôtre.

2

Histoire d'un crime parfait

Quand on entre dans le corps principal du bâtiment, rue de Grenelle, qui abrite le ministère de l'Éducation, un escalier s'offre à vous sur votre gauche. Montez quelques marches : sur le mur sont accrochés les portraits de tous les ministres de l'Instruction publique depuis les débuts de la IIIe République. On y conserva longtemps le portrait de l'infâme Abel Bonnard[1], avant que François Bayrou ne le fasse décrocher et renvoyer aux poubelles de l'Histoire.

De tous ces visages qui vous regardent monter, il est bien difficile d'en identifier plus d'une quinzaine – même

1. Écrivain et académicien, il est nommé en 1942 par Pierre Laval ministre de l'Éducation nationale. Surnommé « Gestapette » pour sa tendance à s'entourer de collaborateurs plus éphèbes que compétents, il s'enfuit à Sigmaringen en 1944, puis part en Espagne en 1945. Frappé d'indignité nationale, rayé de l'Académie française, il est condamné à mort par contumace. Jugé en 1960, il est pratiquement amnistié de fait. Il meurt en Espagne franquiste, devenue sa patrie d'adoption, en 1968. Que son portrait soit resté si longtemps accroché aux cimaises du ministère est proprement écœurant.

pour un spécialiste de l'Éducation. C'est un ministère où l'on est rarement nommé pour ses compétences spécifiques.

J'évoquais plus haut l'indifférence de Charles de Gaulle pour la question éducative. Qui se souvient par exemple de Lucien Paye (1961-1962) ou de Pierre Sudreau (d'avril à octobre 1962) ? On peut à la rigueur citer Christian Fouchet, parce qu'il est resté là presque cinq ans (1962-1967), un record que seul Jean-Michel Blanquer vient de battre. Qui se rappelle qu'Alain Peyrefitte, passé de l'Information à l'Éducation, était rue de Grenelle en 1968 ; ou que François-Xavier Ortoli lui succéda durant deux mois, le temps d'expédier les affaires courantes avant l'arrivée d'Edgar Faure, qui ne resta qu'un an mais marqua réellement de son empreinte la vie éducative ?

Et d'ailleurs, quelle importance ? Le bras armé du ministère, l'instance où se fait vraiment le travail, c'est la Direction générale de l'enseignement scolaire (DGESCO). Une Direction que l'on ne connaît guère, mais qui assure l'essentiel de la mise en œuvre des politiques éducatives, quand le ministre – et c'est souvent arrivé – se cantonne dans des activités de représentation. Najat Vallaud-Belkacem passait plus de temps chez son coiffeur qu'au ministère, mais Florence Robine, ex-professeur de physique nommée à la tête de la DGESCO, était la tête pensante du ministère. On l'a récompensée en la nommant rectrice de l'académie de Nancy-Metz, puis ambassadeur de France en Bulgarie : elle avait enfin atteint son niveau d'incompétence, comme le définit Laurence J. Peter dans *Le Principe de Peter*.

De 1962 à 1965, c'est un certain René Haby, ex-instituteur et agrégé de géographie, qui dirigeait la

DGESCO. C'est lui qui assura la continuité des services sous les trois ministres susmentionnés, aussi peu compétents les uns que les autres. Ce même René Haby sera ministre de l'Éducation sous Giscard, de 1974 à 1978. Le collège unique, la promesse de la « réussite pour tous », la baisse de niveau, c'est lui.

Mais pas seulement.

Pendant que de Gaulle défendait le France et le franc, lançait le *France* et le Concorde et tenait à distance le grand frère américain, René Haby réunit deux commissions qui visaient l'une et l'autre à étudier une importante question : quelle langue française voulait-on transmettre aux enfants dans les écoles de la République ?

Comment ? me direz-vous. N'y en a-t-il pas qu'une ?

Tout dépend du point de vue. On avait gardé longtemps les mêmes programmes de français. En 1945 on reprit ainsi les programmes de 1923, très normatifs, qui consacraient à l'apprentissage de la grammaire, étudiée en soi, de larges créneaux horaires. Vers la fin des années 1950, l'arrivée en primaire de la première fournée du baby-boom et la prolongation de la scolarité obligatoire, décrétée par le ministre Berthoin (qui ça ?) en 1959, amenèrent le ministère à reconsidérer (prudemment) la question. Haby chargea donc un inspecteur général, Marcel Rouchette, de diriger une commission pour réfléchir à la question : quelle langue voulait-on, devait-on enseigner aux élèves ?

On a baptisé cette période la « rénovation ». *A posteriori*, le mot a quelque chose de profondément ironique. Il s'agissait, pratiquement, d'une subversion de la langue et de son apprentissage.

La commission Rouchette travaille donc la question de 1963 à 1966. Une ère d'expérimentation s'ouvre en 1967 – jusqu'en 1972. Les instructions officielles sont publiées à la fin de cette dernière année. Pompidou, agrégé de lettres qui lorsqu'il était Premier ministre avait sérieusement freiné les ambitions réformatrices, n'est déjà plus en état de s'y opposer.

Dès le début, deux conceptions s'affrontent. Pour Michel Lebettre, directeur des Enseignements élémentaires et complémentaires, la fonction de l'école primaire est de fournir des bases solides pour la poursuite de la scolarité en renforçant les deux disciplines fondamentales : le français et les mathématiques. L'enseignement de la grammaire est central et presque autonome car il permet d'aborder l'apprentissage du latin qui commence au collège. C'est une approche logique de la langue qui vise à l'efficacité et repose sur la mémorisation, prélude à toute activité d'expression orale et écrite. Ainsi acquiert-on les connaissances en français en répétant et en appliquant les règles, comme le rappelle Michel Lebettre dans sa circulaire : « Il est donc recommandé instamment aux maîtres des classes élémentaires de consacrer tous leurs efforts à fixer de manière durable, dans ces diverses matières [les disciplines fondamentales, français et calcul], les connaissances prévues par les programmes. Ils n'y parviendront qu'au prix de répétitions fréquentes et d'exercices nombreux. La réhabilitation du rôle de la mémoire, qu'amorçaient déjà les instructions du 20 septembre 1938, devra donc être reprise car il n'est pas douteux que, pour de jeunes enfants, le "par cœur" ne soit la forme la plus authentique et la plus durable du savoir. »

Traduisons : rien ne remplacera jamais le « par cœur » ; la grammaire et l'orthographe doivent être étudiées en elles-mêmes et pour elles-mêmes – l'apprentissage de la langue est normatif ; les règles syntaxiques ne s'inventent pas ; et la formation reçue en primaire doit préparer à l'excellence au lycée. Rappelons que les sections « classiques », avec latin, sont alors préférées aux sections « modernes ». Il en est de même en maths – et les cahiers dont les quatrièmes de couverture reproduisaient les tables de multiplication, ânonnées chaque jour jusqu'à maîtrise complète, témoignent eux aussi de cette foi dans l'inlassable ressassement.

Lebettre s'inscrit donc dans la lignée exacte des instructions de 1923 à 1938, les dernières à avoir été visées par Jean Zay, ministre (de gauche) de l'Éducation depuis juin 1936 – et assassiné en juin 1944 par des miliciens venus le quérir dans sa prison de Riom où l'avait enfermé la justice de Pétain après une condamnation initiale au bagne, comme Dreyfus. Je précise cela à l'intention de ceux qui s'imaginent que la gauche a toujours été du côté des « réformateurs ». Franc-maçon, Jean Zay avait fait des études de droit, il a adhéré jeune aux Jeunesses laïques et républicaines, il était à l'aile gauche du Parti radical. Il avait déjà prolongé l'obligation scolaire de treize à quatorze ans – un coup d'audace, à l'époque. Et l'une de ses circulaires interdit le port par les élèves de tout signe politique ou religieux. « L'enseignement public, disait-il, est laïque. Aucune forme de prosélytisme ne saurait être admise dans les établissements. » Lionel Jospin, qui autorisa jadis des gamines à venir voilées en classe, devait mal connaître ses classiques.

On mesure ce qui s'est perdu, à gauche et plus généralement dans la société française, avec nos débats actuels sur le voile, le burkini, le « respect » des convictions religieuses, les horaires dissociés pour les femmes musulmanes dans les piscines et le soutien déclaré à des organisations islamistes, sous prétexte que les immigrés seraient les nouveaux « damnés de la terre ». Ah oui, clament les assassins, mais les conditions ont changé…

À la conception traditionnelle de Lebettre s'oppose la conception « novatrice » des partisans de la pédagogie Freinet, soutenus au ministère par Roger Gal, chef de la recherche pédagogique à l'Institut pédagogique national, qui sera toujours le fer de lance des réformistes – ou le ver dans le fruit. L'idée est que grammaire et orthographe sont communes à toutes les disciplines et n'ont pas à être étudiées en soi. Refusant la seule mémorisation des règles, la commission réclame un apprentissage reposant sur "l'activité intelligente des élèves", c'est-à-dire proposant des observations des faits de langue », résume très bien Marie-France Bishop[1] dans un article publié dans *Le Télémaque* en 2008. Ou, si l'on préfère, c'est à l'élève de relever les règles et les particularités de la langue, au hasard de ses lectures. L'« observation réfléchie de la langue », cette fameuse ORL qui est le logiciel central des pédagos, se substitue à l'enseignement méthodique des règles. Chaque élève est supposé devenir grammairien – ou mathématicien. Ou historien.

De cette opposition naîtra un peu plus tard l'affrontement entre les partisans de la *grammaire de phrase*,

1. Agrégée de lettres, professeur des universités en sciences de l'éducation à l'université de Cergy-Pontoise.

qui s'appuient sur un apprentissage systématique des règles, et ceux de la *grammaire de texte*, où l'on fait de la grammaire à l'occasion de la lecture, mais jamais en soi ; où les élèves découvrent par eux-mêmes les règles qui régissent les mots qu'ils lisent. Ils construisent déjà leurs savoirs tout seuls...

Confrontez les élèves à des constructions complexes, ils ne découvriront jamais par eux-mêmes les règles d'accord du participe avec le COD antéposé. Peut-être serait-il plus simple d'écrire de façon phonétique...

Le rapport remis à René Haby en 1963 concluait pourtant à la nécessité de « consolider l'acquisition des trois connaissances fondamentales : lecture, écriture, calcul ». Mais le directeur des services d'enseignement ne l'entend pas de cette oreille. Il veut réformer « les programmes et les horaires » – un souci de « rationalisation » qui permet au passage d'économiser des milliers d'heures et de postes –, mais aussi « les méthodes et l'esprit même qui anime cet enseignement ».

Arrêtons-nous un instant sur ce lien entre « horaires » et « méthodes ». Rien de gratuit ni de fortuit, jamais, dans les décisions ministérielles. Ce qui se dessine dans les instructions de René Haby, c'est la possibilité, exploitée à partir des années 1980, de réduire drastiquement les horaires dédiés au français, sous prétexte que c'est la langue utilisée en maths ou en histoire, et que l'on peut donc considérer que tout ce qui se dit ou s'écrit en français est... du français. De ce qui était l'étude systématique de la langue, on fera donc une discipline transversale. Un scribouillard quelconque, tout fier d'être sorti mal classé de l'Ena, a aligné sur sa calculette des quarts d'heure pêchés en maths ou en histoire, qualifiés abusivement de « français », et en a fait la somme, qu'il a déduite de l'enseignement global de la langue. On pouvait donc, à partir de cette observation fallacieuse, diminuer les horaires consacrés à la discipline et, partant, les postes d'enseignants. La spirale descendante se mettait en place.

La commission Rouchette transforme donc l'apprentissage du français en apprentissage des situations de *communication* – le mot devient à cette époque tarte à la crème : employé au départ dans l'univers de la linguistique, il en déborde et prend le sens de « dialogue », qu'il n'avait absolument pas chez Jakobson. Nous voilà sommés de « communiquer » et de nous aimer les uns les autres : les pédagogues sont les ravis de la crèche.

D'où l'accent mis sur l'oral – c'est pratique, on n'y voit pas les fautes d'orthographe – et spécifiquement la langue orale des élèves. Se faire comprendre (« Moi, Tarzan... Toi, Jane... ») l'emporte désormais sur la qualité de l'expression.

3

Le bon usage, c'est bourgeois

On parlait après guerre (et jusqu'à la fin des années 1960) de « démocratisation » : ainsi entendait-on gérer l'arrivée en classe des enfants du baby-boom. À partir des années Giscard, on emploie le mot « massification ». Le quantitatif détrône le qualitatif. On ouvre la chasse à l'élitisme, bête noire des pédagogies de masse et des pédagogues à intelligence limitée qui en font la promotion. Et on cherche à faire croire que cette vision quantitative est en fait qualitative.

L'entourloupe tout entière est là.

Ce n'est pas anecdotique. Notre langue est traversée depuis l'origine par la question du « bon usage » ; ce n'est pas par hasard que le dernier des grammairiens normatifs, Maurice Grévisse, a ainsi intitulé sa grammaire en 1936, régulièrement mise à jour dans les décennies suivantes. L'expression vient de Vaugelas, qui en 1650, dans ses *Observations sur la langue française*, notait que le bon usage était « la façon de parler de la plus saine partie de la Cour, conformément à la façon d'écrire de la plus saine partie des auteurs du temps ». Il entendait proscrire le « gascon », comme on appelait uniformément tous les patois, et les bizarreries et créations verbales osées par certains littérateurs au siècle précédent. Au milieu du XVIIe siècle, le « bon français » est parlé par cent mille personnes, tout au plus, sur douze millions d'habitants. Aujourd'hui, quel serait le pourcentage de gens s'exprimant avec une vraie correction, sur soixante-sept millions de Français ? Il suffit qu'un candidat, aussi baroques que soient ses propositions, s'exprime en bon français et manie deux ou trois références historiques courantes pour qu'il soit doté d'une aura d'homme exceptionnel.

Il s'agissait donc de décomplexer les nouveaux arrivants en sixième, en baissant drastiquement le seuil d'exigences. Un exemple entre mille : le mot « rédaction » disparaît des programmes, remplacé par celui d'« expression écrite », qui est tout autre chose. L'oral, en bon français, est encore de l'écrit. Mais l'expression écrite suggère d'inverser les termes, de façon à faire de l'écrit un mime de l'oral le moins maîtrisé – ou le plus négligé. À terme, c'est la prépondérance du « français banlieue » dont nous voyons aujourd'hui la déferlante. « Moi, Kévin… Toi, Fatima. »

À noter que, dans le même temps, on supprime les devoirs à la maison et on réinvente ceux qui se font encore en classe. L'écrit, si dominant depuis un siècle, est remplacé par l'oral.

La montée en puissance, dans les années 1960, de la linguistique dans les études universitaires explique les choix faits par la commission – et les options ultérieures. La linguistique saussurienne met en avant la communication, considérée comme la principale fonction du langage. Et la linguistique transformationnelle chomskienne, qui déboule à l'orée des années 1970, explique les délires de « génétique de la langue » qui amèneront des maîtres un peu dépassés à imposer aux élèves des « arbres » germinatifs et génératifs censés expliquer le fonctionnement de la phrase : les enfants sont confrontés à des arborescences construites comme des arbres généalogiques et tout aussi incompréhensibles. *Communications* est d'ailleurs le titre choisi en 1961 pour la revue – de haut niveau – lancée conjointement par Barthes, Morin et Friedmann.

Atout supplémentaire et non négligeable pour les idéologues qui s'imposent alors : les parents, peu au fait du langage et du fonctionnement de ces modèles linguistiques, ne pourront pas aider leurs enfants – ce qui égalise les chances, paraît-il. De même, les « maths modernes[1] » sont incompréhensibles pour des « géniteurs d'apprenants » qui avaient appris les maths « à l'ancienne ». Et parmi les méthodes d'apprentissage du lire/écrire, la méthode dite « idéovisuelle » (improprement appelée « semi-globale » et inventée par Jean Foucambert la même année que le collège unique et le regroupement familial, elle consiste à associer une image et un mot : c'est le troisième élément de la triade infernale) est préférée au b.a.-ba qui avait fait ses preuves depuis deux siècles, parce qu'elle permet aux classes défavorisées d'augmenter rapidement leur sac de mots – sac que les privilégiés emplissent en famille, quelle honte… Le souci

1. C'est la commission Lichnerowicz, active de 1968 à 1973, qui met au point ces nouveaux programmes, bien plus abstraits que ce qui précédait et reposant sur la théorie des ensembles. Imposée par l'Inspection générale à des enseignants peu formés à des pratiques si nouvelles, elle fut abandonnée au début des années 1980.

permanent, en ces années réformatrices, est l'égalisation des conditions et l'antiélitisme.

Ce qui ne fera que renforcer les différences et les discriminations. Récuser l'élitisme n'engendre pas la démocratisation, mais le favoritisme. Quand l'École ne remplit plus sa tâche de sélection, c'est à l'état civil – de qui êtes-vous l'enfant ? – d'opérer le tri. La fin des bons élèves, honnis par des décideurs qui flirtaient à peine avec la moyenne, ouvre le règne des « fils et filles de ».

Parce qu'il faut être clair. En se livrant à cette inversion des valeurs, le ministère choisissait, sous prétexte de « démocratisation », la mise à l'écart des Français appartenant aux couches les plus populaires, qui n'avaient que l'École comme première marche de leur ascension sociale, et préservait ceux qui étaient issus des classes les plus favorisées. La bourgeoisie au pouvoir n'a jamais pensé saborder ses propres enfants. Les pédagogues non plus, qui inscrivirent les leurs dans quelques établissements d'élite. Mais appuyer sur la tête des petits pauvres pour les maintenir sous le niveau de la mer, pourquoi pas ? Si l'on cesse d'apprendre le « bon » français à ceux qui n'en savent rien, on les condamne de fait à rester dans leur bourbier, alors même qu'ils pouvaient s'en extraire. Sous prétexte d'uniformiser, on a réalisé ce qui, chez Bourdieu et Passeron, n'était encore qu'une prédiction : la conservation des « héritiers », leur « reproduction », et à terme la prédominance de la « noblesse d'État » telle qu'elle se perpétue à travers les grandes écoles.

Ces dernières, si spécifiquement françaises, avaient pourtant permis entre les années 1940 et 1970 au petit Bourdieu, fils de paysans (reçu à l'ENS-Ulm en 1951) et au petit Brighelli, de souche tout aussi humble (reçu à l'ENS-Saint-Cloud en 1972), d'aller au plus haut de leurs capacités. Les disciples de Bourdieu et Passeron (*Les Héritiers* remonte à 1964, c'était l'actualité des membres de la commission Rouchette) ont œuvré en toute innocence, je préfère le croire, à contrarier les tendances lourdes dénoncées par les deux sociologues. Ce faisant, ils les ont renforcées. En 1972, la proportion d'élèves des grandes écoles issus des classes défavorisées ne dépassait pas 10 %. Elle est aujourd'hui, après tous les programmes de discrimination positive et d'aide aux boursiers, de moins de 2 %.

Pourquoi ? Parce que l'on a cessé de donner aux déshérités les codes du bon langage et de la culture bourgeoise – et, si j'en crois Marx, il n'y en a pas d'autre, la culture étant celle de la classe au pouvoir. Parler de « culture jeune » ou de « culture banlieue » est une sordide plaisanterie qui ne peut intéresser que les vendeurs de rap, de hamburgers et de mauvais mangas. Le plafond de verre qui empêchait souvent les damnés de la terre d'accéder aux emplois supérieurs s'est opacifié. Et la décision de supprimer l'épreuve de culture générale dans divers concours (l'Ena, par exemple) ou les épreuves écrites anonymes (Sciences Po) a renforcé la sélection sociale : il faut être singulièrement hypocrite ou ignorant de la langue pour croire que l'on ne repère pas instantanément, à sa façon de parler, un élève qui ne sort pas de la cuisse de Jupiter.

La sélection sociale, qui était réelle mais partiellement compensée par l'esthétique française de la sélection scolaire et des concours, s'est renforcée dès lors qu'elle est devenue diffuse et non sanctionnée par des épreuves spécifiques. On a lentement épuré le système de tous les exercices qui en constituaient l'ossature. La dissertation française est remplacée en 1998 par le « résumé-discussion », qui implique plus de technicité pure et moins de connivence culturelle. Il est lui-même remplacé par l'« écriture d'invention », prétexte démagogique pour faire croire aux élèves qu'ils ont quelque chose à dire et les moyens de le dire. Tous écrivains – tout comme n'importe quel bambin griffonnant sa feuille est un Picasso en puissance.

Revenons au français.

Les conclusions de la commission Rouchette, en 1967, sont rédigées par Louis Legrand[1], qui approfondira sa réflexion dans son opuscule *Pour un collège démocratique* en 1982. Entre-temps, pour vérifier le projet, une expérimentation est mise en place, qui doit s'étaler de septembre 1967 à juin 1972. Il s'agit de « rechercher les conditions pédagogiques d'un enseignement global du français comme moyen de communication et d'expression orale et écrite, tel qu'il est défini dans les nouvelles instructions ».

Il faut bien se représenter que 1968 a commencé l'année précédente, dans le domaine éducatif. Ce qui se met en place est révolutionnaire à tous égards. On part désormais de la communication pour définir les

1. Inspecteur d'académie qui sera en 1966 bombardé responsable de la recherche pédagogique à l'Institut pédagogique national, puis professeur en sciences de l'éducation à Strasbourg en 1980 : il n'y a pas de hasard, les pédagogistes chassent en meute et cooptent leurs semblables. On doit à Legrand la « pédagogie de projet » où les élèves apprennent diverses choses par petits groupes – l'enseignant étant une sorte d'animateur.

apprentissages. Les productions écrites et orales des élèves, qui étaient traditionnellement le point d'arrivée de l'enseignement, deviennent son point de départ. La grammaire et l'orthographe, nécessairement normatives, perdent ainsi leur hégémonie. L'oral l'emporte sur l'écrit, et l'étude de la langue part désormais des productions langagières des élèves. La relation pédagogique, qui était par essence verticale, devient horizontale : on prône le dialogue, l'interaction. Du coup, les places respectives du maître et de l'élève fluctuent considérablement. Le maître « classique » demandait le silence, désormais il prêche le dialogue, bientôt le brouhaha. De modèle, le maître devient meneur de jeu – et bientôt souffre-douleur.

Durant quatre ans, l'IPN organise régulièrement des stages pour confronter les expériences de terrain et porter la bonne parole. Ainsi, en novembre 1968, débarquent dans les débats la linguistique structurale, par la voix de Robert Galisson, qui l'enseignait à Besançon, et le français langue étrangère, porté par Georgette Romary, professeur au Bureau pour l'enseignement de la langue et de la civilisation françaises, faux nez des expérimentateurs de tout poil.

Le structuralisme dévoyé par les pédagos a ceci de particulier qu'il s'intéresse au langage hors de toute historicité. La langue n'est pas analysée en diachronie – à partir du latin, pour l'essentiel –, mais en synchronie, telle qu'elle se présente dans l'instant. Cette haine de la mise en perspective chronologique prendra toute son extension dans la révision des programmes d'histoire.

En novembre 1969, quelques mois après le référendum qui poussa de Gaulle à la démission – et on se rappelle que Giscard d'Estaing s'était rallié au camp du « non » –, un nouveau projet, plus combatif que le premier, est rédigé, recommandant de penser désormais « en termes de construction continue et dynamique étroitement liés à l'activité créatrice de l'enfant et fondée sur des intérêts, des besoins profonds, individuels ou collectifs ». Quand on a une idée creuse, on dissimule sa vacuité sous des vocables accumulés de plus de deux syllabes dont la collusion fait illusion.

Le mot « constructionnisme », utilisé pour désigner une pédagogie qui incite l'enfant à construire lui-même ses propres savoirs, nœud vital du pédagogisme, fait son apparition. Le Plan abandonne nécessairement ce qui était le cœur des apprentissages depuis un siècle : la belle langue, la langue littéraire ; il insiste sur le caractère premier de l'expression spontanée de l'élève ; et il impose enfin des pratiques structurales dans l'enseignement de la langue. L'objectif n'est plus du tout de déboucher sur l'enseignement du latin en sixième, mais d'apprendre le français horizontalement, dans ses pratiques langagières courantes. La commission Pierre Emmanuel, mise en place par le nouveau ministre Olivier Guichard, pas plus compétent que les autres, vote en octobre 1970 la réalisation du Plan.

Deux voix, deux voix seulement, au sein de ladite commission, s'élèvent pour protester contre cette mise à l'écart de la littérature classique. Roger Ikor[1] et Raymond

1. Professeur de lettres à Condorcet et romancier célèbre, lauréat du prix Goncourt en 1955 pour *Les Eaux mêlées*, il travaille alors au *Tourniquet des innocents*, qui a pour cadre un lycée qui ressemble au sien comme deux gouttes d'eau.

Picard[1] critiquent cette disparition des grands modèles et la soumission à la dictature du présent et de la péda-démagogie institutionnalisée. Le Plan est néanmoins publié en janvier 1971 dans la revue de l'INRDP[2], mais les tensions entre les membres de la commission génèrent une « guerre du français » (*dixit* Louis Legrand) entre traditionalistes – on ne dit pas encore « républicains » – et réformateurs. Des journaux de presse générale s'en mêlent. Les deux organes phares du pédagogisme, *L'Éducation* et les *Cahiers pédagogiques*, défendent les aspects les plus révolutionnaires de la réforme. Dans la *Revue des Deux Mondes*, en septembre 1971, un épais dossier sur la question donne la parole à Picard, qui attaque ce qu'il nomme la « pédagogite », et à Frédéric Deloffre, grand spécialiste de Marivaux à la Sorbonne, antigauchiste déclaré depuis 1968 – il vient de fonder l'Uni, Union nationale universitaire, qui entend concurrencer le SNE-Sup sur son terrain. On croit revivre la querelle des Anciens et des Modernes. Pour un peu, on se battrait en duel.

Pour bien comprendre les enjeux du débat, il faut revenir à un article de Legrand dans *L'Éducation*. Il y fustige la contradiction entre la volonté de démocratiser l'école primaire et le collège, où 45 % des élèves, dit-il, entrent avec un an de retard : ils ont redoublé, tant les programmes se sont alourdis afin de se mettre au niveau

1. Grand spécialiste de Racine et bête noire des structuralistes qu'il a attaqués dans un pamphlet corrosif (*Nouvelle Critique ou Nouvelle Imposture*, 1965).
2. Institut national de recherche et de documentation pédagogique, aujourd'hui l'Institut français de l'éducation.

de ceux de sixième. Pour éviter ces redoublements, il suffit, dit-il, d'abaisser le seuil d'exigence et d'alléger les programmes. Pour mieux sauter en hauteur, il suffit d'abaisser la barre.

Raymond Picard réplique en affirmant : « Un certain nombre d'enfants (environ 20 %) apparaissent désespérément incapables de tirer parti d'un enseignement normal. Or au lieu d'organiser pour eux un enseignement allégé ou ralenti, l'on décide que ces élèves retardés représentent le niveau normal : ce sont les autres qui vont trop vite ! Curieux esprit démocratique que celui qui conduit à aligner tout le monde sur les moins doués ! Le résultat est une école de lenteur et de rabâchage où les enfants vifs périssent d'ennui en apprenant la paresse. » Que dirait-il aujourd'hui devant des classes qui ignorent globalement le sens du mot *travail* ?

Deux conceptions inconciliables s'affrontent. Picard soutient une école reposant sur le mérite personnel, dont la fonction serait d'amener chaque élève au plus haut de ses capacités. C'est une démocratisation par la sélection, qui veut ouvrir les grandes écoles à tous les enfants capables d'y entrer. En face, on prône la « démocratisation de la réussite », selon le mot d'Antoine Prost. L'individu n'est pas porteur d'aptitudes, mais il est soumis à des déterminismes sociaux : le mérite personnel renforce donc les inégalités. On ne naît pas cancre, on le devient.

Il faut donc pallier ce handicap en s'adaptant au rythme des élèves. « La notion d'un niveau nécessaire pour l'entrée en sixième conduit au malmenage, écrit Louis Legrand. Il conviendrait donc d'abandonner le point de vue *a priori* d'un programme théoriquement défini pour prendre en compte avant tout le niveau réel des élèves, leur rythme individuel d'acquisition et la nature génétique de leur développement intellectuel ».

On aura noté ce « malmenage », inventé pour l'occasion. Les pédagogues nouveaux adorent créer des mots nouveaux pour subvertir le langage. Car pour eux le premier mode de discrimination sociale est justement la langue. Le « bon » français est une langue très littéraire, où l'oral est encore de l'écrit. Comptez dans une phrase le nombre considérable de lettres muettes. Le français est l'une des très rares langues à multiplier les trigrammes, ces associations de trois lettres qui ne produisent qu'un seul son – comme dans *beau* ou *cœur*. Sans parler de ce « s » qui marque le pluriel et qui ne s'entend pas...

Pour les traditionalistes, c'est cette langue qu'il faut enseigner, afin d'évacuer les structures incorrectes héritées de milieux culturellement défavorisés. Picard tente d'expliquer : « Si l'élève, pour arriver à une grammaire explicite, se fonde sur son propre langage, c'est d'une langue incorrecte et vicieuse – surtout s'il est originaire d'un milieu déshérité – qu'il dégagera la grammaire. En faisant surtout appel à la spontanéité de l'enfant, en le laissant parler librement sans lui apprendre les éléments de la grammaire normative, jugée répressive, on risque de l'enfoncer dans ses barbarismes et solécismes, de le confirmer dans son mauvais usage de la langue. »

« La lecture de tous les bons livres est comme une conversation avec les plus honnêtes gens des siècles passés, qui en ont été les auteurs, et même une conversation étudiée en laquelle ils ne nous découvrent que les meilleures de leurs pensées », écrivait Descartes. Mais maintenir une hiérarchie dans les œuvres ou parmi les élèves est une idée insoutenable pour les égalitaristes qui sont parvenus à noyauter la rue de Grenelle. Imaginez ce que nous perdrions de grandes insuffisances si les éditeurs décidaient soudain de ne plus éditer que de bons livres… La seule idée de ne pas connaître Christine Angot ou Édouard Louis n'est-elle pas insupportable ?

4

L'Europe contre les nations

Bien sûr, à travers la langue, c'est toute la culture française qui est remise en cause. La culture « bourgeoise », mais pas seulement.

Il faut, pour comprendre les enjeux de ce moment fatal, remonter aux intentions des pères fondateurs de l'Europe – en particulier Jean Monnet. Ce grand défenseur de l'atlantisme est un farouche adversaire du général de Gaulle, qui s'est opposé à la Communauté du charbon et de l'acier (Ceca), première mouture de ce qui deviendra la CEE, et au traité de Rome, parce qu'il y voit à juste titre une entaille fatale dans la souveraineté nationale. Le Général fustige volontiers Monnet, « petit financier à la solde des Américains », « apatride soi-disant supranational ». Même si après 1958 le chef de l'État compose avec les partenaires européens, en particulier dans l'élaboration de la Politique agricole commune, il s'opposera jusqu'au bout à tout transfert de souveraineté, axe central de la pensée de Monnet.

Ce qui se joue ici est primordial et explique les développements ultérieurs. Monnet, né en 1888, a vécu deux guerres mondiales et pense que les cultures nationales sont responsables de ces deux désastres. Autant les gommer au plus vite – ce qui est toujours le souci de l'Europe aujourd'hui : voir la manière dont elle a « réglé » les guerres des Balkans.

Pour ce faire, il faut réécrire les programmes d'histoire, de façon à les débarrasser de tout ce qui ressemblerait à une exaltation patriotique, et évacuer de l'enseignement de la langue tout ce qui la rattache au glorieux souvenir d'une nation étroitement littéraire. Du passé culturel faisons table rase.

L'École paie les pots cassés de cet affrontement européen. Une ligne directrice, instituée au début des années 1960, a été prolongée par le protocole de Lisbonne en 1999-2000 et par le référendum de 2005 sur l'établissement d'une Constitution européenne, où la volonté populaire, exprimée par la large victoire du « non », a été balayée par des politiciens dans le traité de Lisbonne, qui reprend les mêmes éléments disposés autrement et s'affranchira de toute approbation populaire en passant en 2008 par le vote du Congrès réuni à Versailles.

À noter que les européanistes convaincus ont évolué depuis Jean Monnet. Les pères fondateurs de l'Europe étaient essentiellement des démocrates-chrétiens. Mais cette composante chrétienne a été peu à peu gommée, si bien que l'arrivée des anciens pays de l'Est, qui avant la parenthèse soviétique étaient solidaires du bloc européen qu'ils ont finalement rejoint après la chute du Mur, met la Pologne ou la Hongrie en porte-à-faux avec la déchristianisation de l'Europe de l'Ouest. Disons alors les choses clairement : la perte du religieux historique (deux mille ans de christianisme, ce n'est pas rien) n'a d'autre objet que de créer les conditions propices à une religion de remplacement – l'islam, par exemple.

C'est cette tendance lourde à évacuer la culture française qui se manifeste dans l'abaissement programmé de l'École française. Sous prétexte de favoriser la créativité de l'élève – mais comment être créatif quand on ne vous a pas enseigné les bases techniques de la création ? –, les pédagogistes célèbrent par avance, en ces années 1970, le culte de l'enfant roi. Ils se montrent en cela les fourriers du libéralisme avancé, qui veut des consommateurs auxquels on laissera l'illusion du choix pour mieux fourguer à tous les fétiches de la consommation de masse.

Il est significatif qu'au sein même des groupes gauchistes de l'époque des dissensions aient éclaté sur le sujet, les trotskistes appuyant la réforme, les anciens « maos » la critiquant violemment. Les premiers, qui se regrouperont bientôt dans la fraction « École émancipée » du SNES, se font les inlassables propagandistes de l'internationalisme prolétarien ; pour les seconds, il faut reconstituer un niveau national dur, préalable à toute exportation du modèle. Pour les premiers, une anarchie créatrice animera désormais la classe – et le pays. Pour les seconds, qui ont de la dialectique une pratique plus fine, l'ordre – à commencer par l'ordre linguistique et culturel – est le seul générateur d'une pensée potentiellement révolutionnaire. Croyez-vous que Marx ait choisi d'écrire dans un allemand déglingué, ou Lénine dans un russe approximatif ?

Le discours dominant des pédagos visera, dans les décennies suivantes, à rejeter à l'extrême droite des opposants qui portaient une langue et une culture nationales, alors même qu'ils venaient de factions bien plus à gauche qu'eux.

Ces disputes byzantines sont le nœud central du problème scolaire, qui est le reflet du problème social. Tout le monde prétend libérer la parole populaire. Mais vouloir donner la parole à des gens à qui l'on n'a pas appris à parler est une escroquerie, une utopie pseudo-rousseauiste. On n'aboutit qu'à un affaissement de la pensée, puis, à terme, à l'impossibilité même de la pensée.

Cette révolution pédagogique fait les affaires des gouvernements libéraux qui, de droite ou de gauche, se succèdent à partir de 1974. Moins d'heures de classe (les heures de français ont diminué de près de 40 % en un demi-siècle), moins de postes d'enseignants, moins formés dans leur discipline sous prétexte de les former à la pédagogie – une tendance lourde renforcée par les mutations des concours de recrutement –, plus de bienveillance pour toutes les aberrations des élèves – on passe aujourd'hui pour un tortionnaire quand on met une note inférieure à 12 – et suppression des redoublements. Le slogan syndical, « Plus de moyens », appuie sur le quantitatif, parce qu'il est devenu impossible d'expliquer que, qualitativement parlant, l'enseignement a plongé dans les abysses.

Quant à l'idée que le quantitatif est du qualitatif, elle est désormais partagée par tous les syndicats. Ils savent bien, pourtant, que les nouveaux enseignants ont été formés à la va-vite, ne maîtrisent que rarement les savoirs fondamentaux de leur discipline et sont issus de cursus – sociologie ou psycho – qui n'ont pas grand-chose à voir avec les exigences scolaires. D'où, entre autres, l'effondrement des sciences en primaire et l'enseignement très partisan de l'histoire – j'y reviendrai.

À noter qu'au moment même où la commission Rouchette s'interroge sur la place du français, la commission Lichnerowicz, de 1966 à 1973, réforme l'enseignement des mathématiques. L'idée est de lui donner un côté plus pratique, mieux axé sur des problèmes concrets. Dans les faits, il en sortira juste le contraire : ainsi, dans le primaire, on remplacera, à partir de 1970, le calcul pratique par la mathématique proprement dite, quasi abstraite, des « maths modernes », inspirée par la mathématique universitaire du groupe Bourbaki, dont plusieurs membres appartenaient à la commission. Tout comme la pratique du français est sortie de l'irruption massive de la linguistique structuraliste, et comme l'enseignement de l'histoire a été radicalement repensé à l'ombre de l'école des Annales. Des disciplines qui s'épanouissaient intelligemment dans un contexte universitaire ont été transposées dans des enseignements primaires où elles n'avaient rien à faire, sinon apporter de la confusion.

Les pédagogues professionnels, qui avaient lu Bourdieu, applaudirent : c'était le moyen de faire étudier aux enfants des questions pour lesquelles leurs parents ne pourraient les aider – ce qui à leurs yeux égalisait les conditions et supprimait l'avantage lié à la classe sociale d'origine. De fait, le niveau baissa si sensiblement que l'on renonça finalement à l'expérience des maths modernes au début des années 1980. Seuls 20 % des profs de maths étaient alors certifiés ou agrégés – les autres étaient des instituteurs montés au collège sous le nom de PEGC[1], qui

1. Professeur d'enseignement général de collège. Créé en 1969, ce corps fait historiquement suite aux professeurs des cours complémentaires devenus professeurs des collèges d'enseignement général

n'entendaient rien à des mathématiques qu'ils n'avaient jamais étudiées.

Mais l'effet secondaire de cette expérience fut là aussi une baisse sensible du niveau, ce qui amena à repenser la façon dont on enseignait les maths. Les quatre opérations de base, jadis enseignées sans difficulté au cours préparatoire, furent échelonnées sur tout le primaire – l'apprentissage de la division ne se fit plus qu'à partir du CM1, et encore selon une méthode entièrement nouvelle : au lieu de l'expliquer comme une multiplication inversée (en 12, combien de fois 6 ?), on procède désormais par des soustractions successives : 12 – 6 = 6, 6 – 6 = 0, donc le résultat escompté est 2. Un gain de temps significatif, comme on voit…

(CEG), bientôt rebaptisés collèges d'enseignement secondaire (CES). Le corps a été mis en extinction en 2003, et ses anciens membres intégrés peu à peu dans le corps des certifiés.

5

La faute à Rousseau ?

Fichu Jean-Jacques, qui fournit le sens et le contresens ! Tout à ses haines (contre la « clique holbachique », Diderot, d'Alembert, Voltaire, tout le monde), il exalte le « bon sauvage » et la Nature. Malgré Bougainville, Tahiti est encore loin, l'enfant est donc le substitut proclamé de cet âge d'or qui n'était que bonté, comme chacun sait, surtout ceux qui n'y étaient pas. L'*Émile* s'écrit dans ces années 1758-1760 : l'année précédente, *La Nouvelle Héloïse* mettait déjà en place les grandes lignes de la pédagogie rousseauiste, si nouvelle et si datée en même temps, dont tant de commentateurs contemporains ont tiré des conclusions aventureuses.

Le grand mérite de Rousseau, pour nous autres postfreudiens, c'est d'avoir inventé l'enfance, d'en avoir compris le caractère essentiel dans la formation morale, culturelle et libidinale. De *La Nouvelle Héloïse* aux *Confessions*, il est le chantre de l'enfant, de ses traumatismes, de ses dérives, de son tempo si particulier. De lui découle l'attention que nous portons en France aux tout-petits, depuis Pauline Kergomard (1838-1925) et cette école maternelle qui resta longtemps notre pôle d'excellence – jusqu'à ce que les pédagogues investissent ce niveau et imposent des « pédagogies d'éveil » qui laissent peu de place à des acquisitions de savoirs[1].

Grande fut donc la tentation, pour Rousseau comme pour ses émules, de transposer ces principes directeurs de l'âge tendre dans *l'ensemble* de la formation. L'*Émile* est la systématisation des intuitions rousseauistes, mais une systématisation d'époque. Rousseau reste nécessairement dans le système éducatif de son temps et donne à son héros un précepteur. L'école comme nous l'entendons se crée tout au long du XIXe siècle, et le mérite de Jules Ferry est d'avoir donné un cadre républicain légal à une institution construite au gré des congrégations ou des fantaisies municipales. Et de l'avoir débarrassée du souci religieux : le catéchisme d'un côté, l'instruction publique de l'autre.

C'était déjà se démarquer en partie du rousseauisme : si l'*Émile* fut condamné en son temps, c'est surtout parce que la *Profession de foi du vicaire savoyard* n'était pas d'une orthodoxie catholique rigoureuse. Mais l'élève de Rousseau n'en recevait pas moins une éducation religieuse sévère, teintée de protestantisme genevois. Le « respect »

1. Alors que le lire/écrire est parfaitement enseignable dès quatre ou cinq ans, on l'a renvoyé au CP, avec extension ultérieure – ce qui permet à 40 % des entrants en sixième de ne pas les maîtriser. La réorganisation du primaire en « cycles » couvrant chacun trois ans permet de repasser sans culpabilité au collègue de l'année suivante des élèves qui n'ont pas acquis les bases. Comme la sixième fait partie du dernier cycle du primaire, le collège, au gré de « concertations » primaire/secondaire qui font perdre un temps précieux à tout le monde, essuie les plâtres des années précédentes.

des pédagogues modernes pour les croyances et superstitions des élèves trouve là son origine. Que nombre d'entre eux soient d'extraction protestante comme le « philosophe de Genève » n'est pas tout à fait un hasard.

Rousseau, contre Pascal et contre Voltaire, voit l'enfant comme un être bon par principe, tant qu'on ne le gâche pas. Tout part de ce postulat, qui n'a d'autre évidence que d'aller à l'encontre du principe classique selon lequel le petit homme est un être de chaos, d'instincts et d'appétits auxquels l'éducation justement donne forme en les bornant sévèrement. Deux idées de l'homme, deux pédagogies. « Cet âge est sans pitié », osait dire La Fontaine (dans « Les Deux Pigeons »). Mais La Fontaine est l'une des cibles de Rousseau, qui ne trouve rien à sauver chez le fabuliste, coupable d'employer des tournures alambiquées et surtout de prôner une morale équivoque, qu'un enfant, selon lui, ne peut accepter – lui qui croit que les loups cohabitent sereinement avec les agneaux…

Le philosophe *instituteur* (d'une racine latine qui signifie « faire tenir droit ») redresse l'enfant – « tiens-toi droit ! ». Le précepteur rousseauiste, lui, l'accompagne, veillant à ce que le monde des adultes, forcément corrompu, ne vienne pas gâcher sa bonne nature. C'est, explicitement, une *pédagogie négative*, visant à bloquer les influences néfastes, à instruire par les choses plutôt que par les livres (qui, comme les spectacles, ne sont bons que pour les peuples corrompus – un pavé dans le jardin de l'*Encyclopédie*). À conserver les sentiments naturels de l'enfant pour qu'il ne glisse pas sur la pente savonnée de l'amour-propre et de la *libido sciendi*, comme disait saint Augustin, ce désir de savoir récusé par le christianisme orthodoxe *et* par le calvinisme. Chez Rousseau, Freinet, Montessori ou Meirieu, nul risque que l'on se gave de savoirs...

Nos « pédagos » modernes sont de mauvais lecteurs de Rousseau. Ils ont importé au XXe siècle des concepts du XVIIIe. Concepts révolutionnaires parfois – la prise en considération de l'enfance – ou sérieusement rétrogrades : comment nos spécialistes ès sciences de l'éducation se dépatouillent-ils avec ce que Rousseau préconise pour les filles, au cinquième livre de l'*Émile* ? « Toute l'éducation des femmes doit être relative aux hommes. Leur plaire, leur être utiles, se faire aimer et honorer d'eux, les élever jeunes, les soigner grands, les conseiller, les consoler, leur rendre la vie agréable et douce : voilà les devoirs des femmes dans tous les temps, et ce qu'on doit leur apprendre dès leur enfance. Tant qu'on ne remontera pas à ce principe, on s'écartera du but, et tous les préceptes qu'on leur donnera ne serviront de rien pour leur bonheur ni pour le nôtre. »

Aux hommes la raison de l'esprit, aux femmes la raison du cœur. Autrement dit, une subordination perpétuelle à l'intellect masculin. Ah, mais c'est que cela, c'est daté, disent nos idéologues. Certes – mais le reste aussi.

Aux conceptions rousseauistes s'opposent, fin XVIIIe, celles de Condorcet, qui dissocie éducation (dévolue aux familles) et instruction (confiée aux enseignants), confine la foi à la sphère privée et, surtout, pense l'École en tant que système universel et non addition de précepteurs et d'enfants privilégiés. Rousseau, tel qu'il est lu[1], fonde

1. La pensée du philosophe, surtout à partir du *Contrat social*, est plus complexe que ne le croient tous ceux qui l'ont tiré à

un enseignement éminemment *réactionnaire*, en ce qu'il se contente de guider, d'une main légère, les instincts supposés bons de l'enfant ou de l'adolescent. Condorcet, héritier direct des encyclopédistes et vrai révolutionnaire, ne postule de nature humaine que pour la soumettre, pas à pas, aux impératifs de la culture. Le premier refuse qu'Émile apprenne quoi que ce soit par cœur – surtout pas La Fontaine : les pédagogues modernes qui proscrivent le « psittacisme[1] » sont les enfants naturels de Jean-Jacques. L'autre préconise une transmission verticale, destinée à *former* réellement l'enfant du limon, sans parole (c'est le sens étymologique d'*infans*) et sans autres mœurs que la violence primitive. La culture seule corrige, structure, régit le chaos originel et apprend à s'exprimer, et d'un enfant de boue fait un être de lumière : l'âge d'or, c'est à l'arrivée, pas au départ.

Rousseau a une vision théologique. Que les pédagogistes viennent souvent des Jeunesses ouvrières chrétiennes, infiltrées de protestants, et autres cercles « progressistes », qu'ils se syndiquent volontiers au SGEN, syndicat crypto-chrétien s'il en est, qu'ils se prétendent de gauche ou s'engagent chez les Verts, chantres de la Nature accablée par la société et réactionnaires de fait, n'est en rien un hasard.

La vraie pédagogie, celle des Lumières, part d'un postulat dégagé des vapeurs passionnelles et promeut une

---

eux en l'écartelant – demandez donc à Robespierre, son premier disciple. La Terreur est un produit direct du *Contrat social*, théorie de l'État tout-puissant.

1. Du grec *psittakos*, le « perroquet ». Quand vous voulez étonner les gogos, employez des mots savants.

instruction parfois rude, à base de « par cœur » quand il le faut et de savoirs rigoureusement transmis. Elle ne vit pas dans l'espérance que des « ateliers philo » de maternelle jaillira, dans les crânes embués des enfants, une lumière entraperçue dans quelque grotte platonicienne. Le pédagogisme est un idéalisme obsessionnel qui convient bien à notre époque de religiosité diffuse et de déconstruction postmoderne. C'est une secte, avec des réflexes de secte, quelques gourous et une propension à maudire et à persécuter ceux qui ne pensent pas comme eux. C'est la victoire de Rousseau sur les philosophes des Lumières.

Le philosophe genevois a une dent contre ce bon La Fontaine. « On fait apprendre les fables de La Fontaine, écrit-il, à tous les enfants, et il n'y en a pas un seul qui les entende. Quand ils les entendraient, ce serait encore pis ; car la morale en est tellement mêlée et si disproportionnée à leur âge, qu'elle les porterait plus au vice qu'à la vertu. » Et de s'acharner sur ce petit bijou qu'est « Le Corbeau et le Renard » :

« Je ne connais dans tout le recueil de La Fontaine que cinq ou six fables où brille éminemment la naïveté puérile ; de ces cinq ou six je prends pour exemple la première de toutes, parce que c'est celle dont la morale est le plus de tout âge, celle que les enfants saisissent le mieux, celle qu'ils apprennent avec le plus de plaisir, enfin celle que pour cela même l'auteur a mise par préférence à la tête de son livre. En lui supposant réellement l'objet d'être entendue des enfants, de leur plaire et de les instruire, cette fable est assurément son chef-d'œuvre : qu'on me permette donc de la suivre et de l'examiner en peu de mots.

« *Maître corbeau, sur un arbre perché...*

« Maître ! que signifie ce mot en lui-même ? que signifie-t-il au-devant d'un nom propre ? quel sens a-t-il dans cette occasion ? Qu'est-ce qu'un corbeau ? Qu'est-ce qu'un arbre perché ? L'on ne dit pas *sur un arbre perché*, l'on dit perché sur un arbre. Par conséquent, il faut parler des inversions de la poésie ; il faut dire ce que c'est que prose et que vers.

« *Tenait dans son bec un fromage.*

« Quel fromage ? était-ce un fromage de Suisse, de Brie, ou de Hollande ? Si l'enfant n'a point vu de corbeaux, que gagnez-vous à lui en parler ? s'il en a vu, comment concevra-t-il qu'ils tiennent un fromage à leur bec ? Faisons toujours des images d'après nature.

« *Maître renard, par l'odeur alléché,*

« Encore un maître ! mais pour celui-ci c'est à bon titre : il est maître passé dans les tours de son métier. Il faut dire ce que c'est qu'un renard, et distinguer son vrai naturel du caractère de convention qu'il a dans les fables.

« Alléché. Ce mot n'est pas usité. Il le faut expliquer ; il faut dire qu'on ne s'en sert plus qu'en vers. L'enfant demandera pourquoi l'on parle autrement en vers qu'en prose. Que lui répondrez-vous ?

« Alléché par l'odeur d'un fromage ! Ce fromage, tenu par un corbeau perché sur un arbre, devait avoir beaucoup d'odeur pour être senti par le renard dans un taillis ou dans son terrier ! Est-ce ainsi que vous exercez votre élève à cet esprit de critique judicieuse qui ne s'en laisse imposer qu'à bonnes enseignes, et sait discerner la vérité du mensonge dans les narrations d'autrui ?

« *Lui tint à peu près ce langage :*

« Ce langage ! Les renards parlent donc ? ils parlent donc la même langue que les corbeaux ? Sage précepteur, prends garde à toi ; pèse bien ta réponse avant de la faire ; elle importe plus que tu n'as pensé.

« *Eh ! bonjour, monsieur du Corbeau !*

« Monsieur ! titre que l'enfant voit tourner en dérision, même avant qu'il sache que c'est un titre d'honneur. Ceux qui disent *monsieur du Corbeau* auront bien d'autres affaires avant que d'avoir expliqué ce *du.*

« *Que vous êtes joli ! que vous me semblez beau !*

« Cheville, redondance inutile. L'enfant, voyant répéter la même chose en d'autres termes, apprend à parler lâchement. Si vous dites que cette redondance est un art de l'auteur, qu'elle entre dans le dessein du renard qui veut paraître multiplier les éloges avec des paroles, cette excuse sera bonne pour moi, mais non pas pour mon élève.

« *Sans mentir, si votre ramage*

« Sans mentir ! on ment donc quelquefois ? Où en sera l'enfant si vous lui apprenez que le renard ne dit *sans mentir* que parce qu'il ment ?

« *Répondait à votre plumage,*

« Répondait ! que signifie ce mot ? Apprenez à l'enfant à comparer des qualités aussi différentes que la voix et le plumage ; vous verrez comme il vous entendra.

« *Vous seriez le phénix des hôtes de ces bois.*

« Le phénix ! Qu'est-ce qu'un phénix ? Nous voici tout à coup jetés dans la menteuse antiquité, presque dans la mythologie.

« Les hôtes de ces bois ! Quel discours figuré ! Le flatteur ennoblit son langage et lui donne plus de dignité pour le rendre plus séduisant. Un enfant entendra-t-il cette finesse ? Sait-il seulement, peut-il savoir ce que c'est qu'un style noble et un style bas ? »

J'épargne au lecteur la fin de cette analyse. Les pédagogues modernes, qui en sont imprégnés, évitent tout simplement de faire apprendre « Le Corbeau et le Renard », ou une quelconque fable de La Fontaine, vieux réactionnaire emperruqué, à leurs « apprenants ». Ils ont assimilé une fois pour toutes la conclusion de Rousseau : « Je demande si c'est à des enfants de dix ans qu'il faut apprendre qu'il y a des hommes qui flattent et mentent pour leur profit ? On pourrait tout au plus leur apprendre qu'il y a des railleurs qui persiflent les petits garçons, et se moquent en secret de leur sotte vanité ; mais le fromage gâte tout ; on leur apprend moins à ne pas le laisser tomber de leur bec qu'à le faire tomber du bec d'un autre. »

6

Défense et illustration de La Fontaine

Par réaction avec cette idéologie baba et bobo, j'ai longtemps eu l'habitude de commencer l'année, aussi bien en collège qu'en classes préparatoires aux grandes écoles, par une analyse du « Corbeau et le Renard ».

Je me permets de le recommander à mes collègues débutants. Faire remplir une « fiche de rentrée » est absurde[1] et je ne l'ai jamais fait en quarante-cinq ans de carrière. Le but réel de cet exercice est d'obtenir l'obéissance des élèves pendant un petit quart d'heure, en espérant que cette servitude volontaire d'un instant déteindra sur l'année entière...

« Le Corbeau et le Renard » a l'avantage d'avoir été appris par cœur par ceux des élèves qui ont eu des maîtres responsables au primaire – de sorte que je m'amusais à faire réciter un vers ici, un autre là, rédigeant la fable

1. Nous possédons déjà, si nous le souhaitons, tous les renseignements que nous demandons, et le logiciel Pronote nous permet désormais une « communication » permanente avec les « géniteurs d'apprenants ».

au tableau, au grand ahurissement de tous ceux qui n'en avaient jamais appris une ligne. Puis je demandais alors de quoi parlait la fable.

Passons sur ceux qui restent persuadés, post-bac, qu'il s'agit d'un dialogue entre animaux... Passons aussi sur les malheureux à qui l'on a mis en tête qu'il s'agissait d'une dénonciation de la flatterie et de la crédulité. En fait, c'est un cours complet de communication.

Démonstration.

Maître Corbeau, sur un arbre perché,
Tenait en son bec un fromage.
Maître Renard, par l'odeur alléché,
Lui tint à peu près ce langage :
Hé ! bonjour, Monsieur du Corbeau,
Que vous êtes joli ! que vous me semblez beau !
Sans mentir, si votre ramage
Se rapporte à votre plumage,
Vous êtes le Phénix des hôtes de ces bois.
À ces mots le Corbeau ne se sent pas de joie,
Et pour montrer sa belle voix,
Il ouvre un large bec, laisse tomber sa proie.
Le Renard s'en saisit, et dit : Mon bon Monsieur,
Apprenez que tout flatteur
Vit aux dépens de celui qui l'écoute.
Cette leçon vaut bien un fromage sans doute.
Le Corbeau honteux et confus
Jura, mais un peu tard, qu'on ne l'y prendrait plus.

Bien sûr, l'équivalence entre les deux robins – ils ont tout de gens de justice –, marquée par le parallélisme initial de l'expression (« Maître »/« Maître »), est rompue par le Renard dès qu'il anoblit son interlocuteur (« Monsieur *du* Corbeau »). Mais le fond du propos est la fabrication d'un énoncé totalement performatif : comme Dieu lorsqu'il dit « Que la lumière soit » (et la lumière fut), le Renard produit un message sans reste – comme une division parfaite : le seul *feed back* de sa courte tirade est le fromage qui tombe de l'arbre. Ça tombe bien, *to feed*, en anglais, c'est *nourrir*...

Comment s'y prend-il ? Il ne prononce ni le nom de sa quête (pas de « fromage » dans son discours) et ne parle que de l'autre : à part un très discret « me », complément d'objet indirect, le Renard est absent de sa propre tirade. On se rappelle qu'à cette époque, le moi est haïssable – formule qu'il faut sans cesse asséner à notre époque de selfies et de narcissisme décomplexé. Exactement comme dans une dissertation : les enseignants qui encouragent les élèves à « s'exprimer » devraient réfléchir à ce que signifie exactement le terme dans l'ordre de la communication. Toute affirmation de soi est une insulte à l'autre – en tout cas un obstacle à la conquête du pouvoir qu'implique la communication : eh oui, c'est une démonstration de force, pas une manifestation de bienveillance. Le vrai séducteur ne parle pas de lui – voir le serpent de la Genèse, qui charme Ève en lui parlant d'elle.

Il est d'ailleurs remarquable que seul le Renard parle au discours direct. Les propos du Corbeau ne sont relatés, *in fine*, qu'au style indirect. L'objet du discours, nous dit La Fontaine, qui avait vu de près le fonctionnement de la Cour, est la conquête du pouvoir. La maîtrise du *logos*. La consommation du « fromage » – par un fait exprès, la République nomme ainsi des emplois bien rémunérés et ne demandant aucun travail : ainsi la Direction de la société du tunnel du Mont-Blanc échut successivement à Edmond Giscard d'Estaing, père du président de la République, puis à Édouard Balladur, Rémy Chardon, ancien directeur de cabinet de Jacques Chirac, et enfin Charles Saltzmann, ancien conseiller de Mitterrand. Des gens rigoureusement choisis par l'État, actionnaire majoritaire, en toute objectivité et en fonction de leurs compétences autoroutières et alpines, comme le révéla le procès qui suivit le terrible accident de mars 1999.

La fable, à bien y réfléchir, fustige la monopolisation du discours performatif, assimile la puissance du verbe à une geste animale et dégrade en même temps le pouvoir de l'exécutif royal et les croyances religieuses. C'est autre chose que la simple condamnation de la flatterie – même si cette interprétation n'est pas fausse, surtout si on la rapporte au milieu de courtisans où vivait le fabuliste. C'est à mettre sur le même plan que ces fables condamnant l'exercice personnel du pouvoir royal que sont « Le Loup et l'Agneau » ou « Les Animaux malades de la peste » – entre autres. Le fait que des pédagogues qui se proclament « de gauche » ne le voient pas témoigne de la faiblesse de leur niveau. Et s'ils prétendent que ce sont là des concepts trop complexes pour les enseigner aux enfants, cela manifeste cette fois leur mépris pour leurs élèves. Leur manque d'ambition. Et leur désir (conscient ? inconscient ?) de confisquer le savoir et de ne pas le répandre.

7

Le pédagogisme, histoire d'une illusion

J'ai utilisé à plusieurs reprises le mot « pédagogiste » ou, par abréviation, « pédago ». Le lecteur peu au fait des dissensions entre ces idéologues de l'enseignement, qui ont dévoyé le beau mot de « pédagogue », et les « instructionnistes », comme ils disent par dérision, mérite que l'on explique un peu comment des illuminés à QI modéré ont fini par dominer la scène pédagogique française.

Rousseau peut nous aider à comprendre comment Philippe Meirieu, qui ne manque pourtant pas d'intelligence, a cru un jour que les enfants devaient apprendre à lire sur les modes d'emploi des robots ménagers. Certes, Jean-Jacques entend préserver Émile de concepts qui ne seraient pas de son âge – d'où sa répudiation de La Fontaine, qui manque de naturel, paraît-il... Et il ne veut pas davantage le gaver de connaissances, étant entendu qu'un bon travail manuel est la clé du bonheur. Savoir-faire est mieux que savoir. Quant à Sophie, pendant féminin d'Émile, il la met à l'abri de toute science, comme nous l'avons vu, sa fonction naturelle étant de faire des enfants et de les élever.

Les théories éducatives qui structurent encore notre pensée s'élaborent au XVIIIe siècle. Pendant la Révolution, elles s'affrontent. Lepeletier de Saint-Fargeau veut égaliser les conditions en empêchant les enfants trop savants – ceux des classes dominantes – de s'élever. Condorcet, lui, mise tout sur le mérite. L'un, pur rousseauiste, fait de l'école le lieu de l'éducation ; l'autre réserve cette dernière aux familles et affirme que l'École est le lieu de l'instruction.

Première manche à Condorcet, en 1793. Revanche de Saint-Fargeau en 1932, quand Édouard Herriot rebaptise « Éducation nationale » le ministère que Jules Ferry avait appelé « Instruction publique ». Une dénomination qui n'est pas innocente. Le domaine réservé de la famille commence à être pris en charge par l'institution. Un siècle plus tard, c'est à l'École de former totalement les petits sauvages qu'on lui confie, au lieu de se limiter à leur apprendre quelque chose.

À Rousseau, joignez Pestalozzi (1746-1827), Zurichois disciple du Genevois fatal, auteur de *Léonard et Gertrude* – ses Émile et Sophie à lui. Plus tard, Montessori ou Freinet. Ou Bourdieu et Passeron, détracteurs des « héritiers ». Ces adversaires de la culture invoquent Montaigne, dont on isole une phrase sur la « tête bien faite » qui vaut mieux qu'une « tête bien pleine » – en oubliant que l'auteur des *Essais* apprit le latin à trois ans et maîtrisait les œuvres des « géants » sur les épaules desquels nous nous élevons, c'est-à-dire les auteurs de l'Antiquité gréco-latine. Avec le pédagogisme, plus besoin d'écraser les élèves sous le poids de références innombrables et immortelles. L'homme neuf construit son propre destin. Et s'il n'est pas né cancre, il le devient.

Dans le pédagogisme, les arrière-pensées idéologiques l'emportent, et de loin, sur les vérités pédagogiques. Et l'idéologie, disait très bien Hannah Arendt, c'est ce qui n'a aucun rapport avec la réalité.

Philippe Meirieu vient d'Alès, cité protestante, et il a gardé avec le milieu calviniste des liens très forts. Il donne des conférences à Dieulefit, dans la Drôme parpaillote, et a milité jadis aux Jeunesses ouvrières chrétiennes et au Mouvement pour la paix, inaugurant son ancrage dans la gauche historique. Il sera plus tard élu PS, puis candidat EELV. Ses convictions pédagogiques sont nées de ses convictions chrétiennes universalistes.

Au moment même où les européanistes les plus convaincus, Jean Monnet puis Giscard, abandonnent le concept de nation, les pédagos tournent justement le dos à ce qui structure la France : la langue, qui depuis Vaugelas se résume au « bon usage » défini par les bons livres, et l'enseignement chronologique de l'histoire. L'une et l'autre, pensent-ils, attisent les antagonismes.

La mode post-68 pousse dans ce sens. Ivan Illich vante la « société sans école » (1970) ; et le Festival de Cannes, après *If*, de Lindsay Anderson, récit d'une révolte dans une *public school* traditionnelle (1969), enfonce le clou dans le cercueil en couronnant *Entre les murs* en 2008. Ou comment ne rien enseigner aux pauvres. François Bégaudeau est l'un des marqueurs du degré zéro qui servent de référence à nos pédagogues.

Autre croyance fidéiste, celle de la « bonté » primitive de l'enfant. On ne naît pas racaille, on le devient – et seuls la compréhension, la douceur, le respect de la différence (qui amène à une conception à géométrie variable de la laïcité) empêchent le charmant bambin de glisser dans la voyoucratie. Les classiques pensaient qu'« instituer » les enfants, c'était les redresser : l'instituteur est le tuteur. Les utopies pédagogiques des années 1960, diffusées par l'Éducation nouvelle, se structurent sur cette certitude que rien ne vient étayer, sinon une foi sidérante en l'homme, dont les récentes performances à Auschwitz et à Hiroshima plaidaient sans doute en ce sens.

Les incidences pratiques de ces théories sont nombreuses et décisives. Fin de l'apprentissage alphasyllabique du lire/écrire : on lui préfère des méthodes idéovisuelles dont Jean Foucambert est le prophète et Éveline Charmeux la pythie. La psychologue Liliane Lurçat déplore qu'une vague de dyslexie saisisse les petits Français depuis trente ans ? Rien n'y fait, *Ratus*, *Gafi* et *Abracadalire* sont les mamelles de l'enseignement de la lecture. Les instituteurs qui les ont utilisées portent une responsabilité historique.

Pourtant les pratiques traditionnelles ont fait leurs preuves. Sans remonter nécessairement à la *Méthode Boscher* (dont Belin vend encore des dizaines de milliers d'exemplaires par an), on peut citer *Lire avec Léo et Léa*, ou les manuels édités par le Grip[1]. Ou, tout récemment, la méthode Lego, que Blanquer a imposée à Paris et que le SNUipp[2] récuse en accusant le ministre de caporalisme – une infamie probablement : pensez donc, le ministre de l'Éducation voudrait que les enfants apprennent vraiment à lire et à écrire…

1. Groupe de réflexion interdisciplinaire sur les programmes. Une poignée de maîtres, conscients des ravages du pédagogisme et de méthodes de lecture aberrantes, se sont mobilisés pour élaborer des manuels cohérents et efficaces.
2. Principal syndicat du primaire, rattaché à la FSU.

Pourquoi avoir voulu casser ce qui marchait ? Nos « chercheurs » en sciences de l'éducation pensent que commencer par les briques élémentaires, non sémantisées, du code linguistique favorise les enfants qui arrivent à l'école avec un bagage acquis en famille – en d'autres termes, les classes favorisées. Comme Lepeletier en 1792, ils veulent égaliser les conditions par le bas. Les maths modernes, de sinistre mémoire, avaient, nous l'avons vu, le même objectif égalitariste.

Rachel Boutonnet, « institutrice clandestine », recouvre la *Méthode Boscher* avec la couverture de *Ratus* pour tromper l'inspection du primaire, qui plus encore que dans le second degré ne fait aucun cadeau à ceux qui ne sont pas dans la ligne. Quant à Pierre Frackowiak, IEN[1] exerçant dans le nord de la France et futur conseiller école de Ségolène Royal, il parodie Boscher sur son site en 2007 et se moque du ministre Robien en inventant la méthode « Ro-ro Bi-bi », agrémentée de redoublements syllabiques lourdement scatologiques. Gilles de Robien, confronté en direct lors d'une émission de télévision à ces insultes d'un fonctionnaire censé obéir à son ministre, se fâche, menace Frackowiak de ses foudres – et ne fait rien, l'inspecteur étant soutenu par son syndicat. Sans parler de ceux qui ont obtenu sur tapis vert des titres qu'ils auraient été bien en peine de décrocher à la régulière. La confrérie, qui manie volontiers le bâton, sait aussi distribuer les carottes.

1. Inspecteur de l'Éducation nationale couvrant le primaire, à distinguer de l'IPR (inspecteur pédagogique régional) et de l'IG (inspecteur général) couvrant respectivement le secondaire et les classes préparatoires aux grandes écoles (CPGE).

Non contents d'infiltrer le ministère, les pédagos ont noyauté l'Inspection générale. Katerine Weinland, doyen de l'Inspection et elle-même agrégée par protection divine – en l'occurrence celle d'Édith Cresson –, s'entoura d'une garde rapprochée d'idéologues convaincus tels que Jean Jordy, ancien instituteur fait agrégé par la grâce d'un autre ministre complaisant. Pour répudier la dissertation, trop élitiste, ils ont imposé l'« écriture d'invention », escroquerie notoire abandonnée sous Blanquer, et désormais l'écriture inclusive. La secte s'est acquis des relais importants dans les médias et sur le Net, comme le « Café pédagogique », longtemps bien subventionné et dont les animateurs ont eu leur lot de promotions inespérées.

C'est le principe de la pieuvre. Elle expédie des tentacules sur des zones inexplorées, tâte et s'en saisit. Et progresse.

Mais rien n'aurait été possible si ces belles théories n'avaient pas coïncidé avec une demande économique et sociale : le système libéral (voir le Protocole de Lisbonne, en 1999-2000, ou la réflexion si intelligente de Nicolas Sarkozy sur l'inutilité de Mme de La Fayette) n'a besoin que de 10 % de cadres, à recruter dans la caste des héritiers. D'où l'instauration depuis des lustres d'un système à deux vitesses : quelques havres privés ou publics où se retrouvent les enfants de l'élite (dont ceux des pédagos) et une masse d'établissement déshérités, entretenus à grands coups de « projets » avides de budgets – le prix du confinement de la misère –, où sont regroupés les enfants du limon. Le pédagogisme est la garantie de l'entre-soi, en haut comme en bas. Désormais, quand on est né dans le ghetto, on y reste. Mais on bénéficie de pédagogies souriantes, comme les « travaux personnels encadrés », toujours notés au-dessus de 10, ou les « enseignements pratiques interdisciplinaires » lancés à la rentrée 2017[1].

Cette coïncidence idéologico-économique explique l'échec des « instructionnistes » qui, à contre-courant dans les années 2000, croisèrent le fer avec les « constructivistes ». Philippe Meirieu fut le maître d'œuvre de ce renversement. Ses livres ont distillé ses convictions et ses diktats. Et établi un système orwellien où l'ignorance, c'est la force.

Le bac à 97 ou 98 % de reçus est le fruit de cette croisade antiélitiste qui flatte les parents et les imbéciles – leur nom est légion – et sert les intérêts de grandes sociétés qui veulent des employés interchangeables qui pédalent ferme, gagnent peu et ne se plaignent pas. Que des progressistes aient concocté cette belle réussite prouve au moins une chose : ce n'est plus à gauche que se recrutent les intellectuels[2].

---

1. https://eduscol.education.fr/272/enseignements-pratiques-interdisciplinaires

2. À qui voudrait creuser davantage ce conflit essentiel entre pédagos et « républicains », je conseillerai quelques titres, parmi une foule de bons auteurs : Carole Barjon, *Mais qui sont les assassins de l'école ?*, Robert Laffont, 2016 ; Rachel Boutonnet, *Journal d'une institutrice clandestine*, Ramsay, 2003 ; Fanny Capel, *Qui a eu cette idée folle un jour de casser l'école ?*, Ramsay, 2004 ; Claire Mazeron, *Autopsie du mammouth*, J.-C. Gawsewitch éditeur, préface de Natacha Polony, 2010 ; Marc Le Bris, *Et vos enfants ne sauront ni lire ni compter*, Stock, 2004 ; Natacha Polony, *Nos enfants gâchés*, J.-C. Lattès, 2005. Et pour savoir ce qu'est réellement l'idéologie pédago, ne pas hésiter à parcourir Philippe Meirieu, *Apprendre, oui, mais comment ?*, ESF, 1987 ; *L'École ou la Guerre civile*, Plon, 1997.

8

Giscard, ou l'an 01 de l'apocalypse scolaire

Les morts sont tous des braves types, c'est entendu. Les concerts de louanges qui ont salué la mémoire de Giscard d'Estaing à sa mort en décembre 2020 gomment toutefois l'un des aspects les plus durables et les moins reluisants de son septennat : sa politique scolaire.

Giscard avait pris pour ministre de l'Éducation René Haby. L'ancien DGESCO des années 1960 faisait partie de cette bande de libéraux atlantistes et paneuropéanistes qui, comme Giscard lui-même, avaient miné la politique gaullienne et fait échouer le référendum de 1969. C'est donc cet honnête destructeur de la maison France que le nouveau président nomma dès son entrée en fonction. Et Haby ne chôma pas : le 11 juillet 1975[1], il décréta le « collège unique ».

Petit rappel pour ceux qui n'y étaient pas. Dès la fin du primaire, vous étiez distribués en diverses sections

1. Les mauvais coups législatifs se portent toujours pendant l'été. Jospin fera de même avec sa loi du 13 juillet 1989.

– depuis les CCPN[1] où étaient casés les élèves en grande difficulté, les CPA qui orientaient précocement vers les métiers manuels, les collèges à filière courte et sans latin, les lycées enfin. C'est cette distinction, qui faisait sens pédagogiquement parlant – d'autant que des passerelles existaient qui permettaient de passer d'une filière ou une autre –, que Haby fit sauter.

Au grand dam des syndicats de l'époque. La toute-puissante Fédération de l'Éducation nationale se dresse alors sur ses ergots. Il y a dans ses rangs essentiellement des gens de gauche ; mais, formés dans les années 1940-1950, ils savent bien qu'un brassage général abaissera impitoyablement le niveau, puisque les professeurs seront forcés de s'aligner, en classe, sur les plus faibles. Des penseurs obstinément ancrés à gauche, comme Jacques Derrida, s'opposent à la loi Haby. Selon le philosophe, la loi visait à produire des travailleurs et non des citoyens. « Elle était une réponse à la demande du patronat et un instrument de sujétion sociale » – une clairvoyance qui s'est singulièrement estompée avec le temps, le « collège unique » étant désormais l'une des vaches sacrées des syndicats de gauche.

Mais fabriquer des esclaves taillables et corvéables à merci, incapables de lire les lignes en petits caractères d'un contrat d'embauche, ne suffisait pas à nos mondialistes

1. Classes préprofessionnelles de niveau : elles accueillaient les élèves de niveau quatrième et troisième incapables de suivre dans le cursus traditionnel. Elles ont été dissoutes en 1991, effet secondaire de la loi Jospin, et leurs élèves intégrés dans le parcours général – ce qui a eu pour effet de baisser encore le niveau. Les CPA étaient des classes préparatoires à l'apprentissage, susceptibles de former aux centres de formation d'apprentis.

libéraux. Au mois d'avril suivant, ils décrètent le regroupement familial : les immigrés qui travaillaient en France depuis les années 1960 obtiennent donc le droit de faire entrer en masse leurs familles restées de l'autre côté de la Méditerranée – l'Algérie principalement. À l'époque, le gouvernement algérien voit d'un très mauvais œil ce regroupement – tant pis pour ceux qui croient en la thèse d'une « invasion » programmée. Il craint une diminution des envois d'argent en Algérie – et de fait…

La combinaison soudaine de ces deux phénomènes, en irriguant le champ scolaire avec des gosses qui parlaient un français très approximatif et en les mêlant à des petits Français de niveau fort hétérogène, a donné le désastre que l'on sait. Ajoutez qu'au même moment déboule la méthode Foucambert d'apprentissage de la lecture, semi-globale des pieds à la tête, et le tableau est complet.

Les pédagogistes, cantonnés jusqu'alors dans des revues confidentielles, se sont senti pousser des ailes. Ils se sont sentis justifiés. Ils ont imposé peu à peu des méthodes « démocratiques » d'apprentissage du lire/écrire. Fin du b.a.-ba., et irruption des méthodes semi-globales : un arbre joliment dessiné, le mot *arbre*, et le tour est joué. Fin de la discrimination orthographique, des liens syntaxiques et des variétés d'arbres : hêtre ou pas hêtre, tout est « arbre »… Ce qui donne aujourd'hui de jolies phrases du genre : « Les arbres, il les plantes. » Il les plantes vertes, sans doute.

Meirieu m'a tuer.

Autant être clair : les immigrés de seconde génération, qui arrivent en France dans les années 1970, n'ont aucune responsabilité dans l'effondrement. Ils ont été instrumentalisés comme les autres. Ils ont servi de prétexte à l'insu de leur plein gré. Sans doute ne demandaient-ils pas mieux que de recevoir l'instruction des petits Français. Mais le résultat, c'est que les petits Français ont été instruits en fonction des carences des petits immigrés.

La loi Jospin, qui est le début officiel de l'apocalypse scolaire, est sortie en 1989 de ces bonnes mauvaises intentions quand les pédagogistes sont enfin entrés au ministère et l'ont conseillé. Cette loi – promulguée elle aussi en juillet – a été le dernier clou du cercueil ouvert par le tandem Haby-Giscard. Quand je pense que ce dernier a été admis à l'Académie française, temple de la défense du bon français, pour l'ensemble de son œuvre – dont je ne dirai pas ce que je pense, n'ayant jamais eu le fantasme, moi, de coucher avec Lady Di[1]...

Giscard, c'est le libéralisme appuyé, au niveau scolaire, sur les libertaires qui voulaient une « société sans école ». Ma foi, ils y sont parvenus : ce qui reste d'école n'est plus qu'une garderie nationale, et seuls les élèves issus des classes les plus huppées s'en sortent. Parce que, grâce au collège unique, au regroupement familial, à René Haby et à Giscard d'Estaing, quand vous êtes né dans la rue, désormais, vous y restez.

La loi Haby ne se contente pas d'unifier (ou uniformiser ?) les élèves. Elle invente la notion trouble de « communauté éducative », un groupe flou réunissant élèves, enseignants, personnels non enseignants et parents d'élèves, qui deviennent coéducateurs de leurs enfants.

À noter qu'un an plus tard – Chirac s'est entre-temps retiré sur l'Aventin, comme on disait jadis, en prévision

1. On ne se rappelle peut-être pas que c'était le thème de *La Princesse et le Président*, roman publié en 2009.

des élections de 1981 et a lancé « l'appel de Cochin », rompant de fait avec Giscard –, le gouvernement Barre, devant la croissance exubérante du chômage, revient sur le décret de 1976. Un décret du 10 novembre 1977 stoppe cette immigration des femmes et des enfants, sauf pour « les membres de la famille qui ne demandent pas l'accès au marché de l'emploi ». Un décret que le Conseil d'État, saisi par le Groupe d'information et de soutien des immigrés (Gisti), s'empresse d'annuler, s'appuyant sur un nouveau principe : le « droit de mener une vie familiale normale ». C'est un revirement de jurisprudence fondamental qui a justifié tous les blocages aux vaines tentatives pour réfréner l'immigration. Ainsi se trouve sanctifié le droit au regroupement familial, le 8 décembre 1978.

Pour l'universitaire Jean-Louis Harouel, « cet arrêt du Conseil d'État a été l'acte fondateur de la transformation de l'immigration de travail en immigration de colonisation, selon la formule du sociologue Abdelmalek Sayad[1] ». Ce même arrêt eut pour autre conséquence, toujours selon l'historien du droit, de faire basculer la société française « dans un système de gouvernement des juges » – même Giscard a tenté de s'opposer à cette jurisprudence qui empiétait sur les prérogatives gouvernementales.

Faisons court.

Tout ce qui suit, dans la politique scolaire, découle de ce moment giscardien. Jusque-là, enseignement primaire et enseignement secondaire ne désignaient pas des étapes successives, mais des voies parallèles. À la sortie de l'école élémentaire, trois filières coexistaient : l'enseignement

1. Entretien avec Alexis Feertchak, *Le Figaro*, 29 août 2016.

primaire supérieur, dispensé pendant quatre ans après le certificat d'études de la sixième à la troisième ; l'enseignement dispensé dans les lycées de la sixième à la terminale ; les centres d'apprentissage.

Une première réforme est lancée en 1959 par le ministre Berthoin (qui ça ?) pour s'adapter aux besoins économiques de la France en reconstruction, dans l'essor des « Trente Glorieuses ». La scolarité obligatoire passe de quatorze à seize ans. Le ministre, par ailleurs, réforme l'organisation du système éducatif. Les cours complémentaires de l'enseignement primaire supérieur deviennent des collèges d'enseignement général (CEG). Les centres d'apprentissage deviennent des collèges d'enseignement technique (CET). De nombreux dédoublements de classe permettent des travaux dirigés en demi-classe dans différentes matières. Un cycle d'observation de deux ans (sixième et cinquième) est mis en place. En fin de cycle, les élèves sont orientés vers l'enseignement qui leur convient le mieux selon leur mérite et non selon leur origine sociale – les plus âgés des lecteurs se rappellent peut-être ces diverses filières.

La réforme Fouchet-Capelle de 1963 met en place les collèges d'enseignement secondaire (CES). La loi Haby du 11 juillet 1975 supprime la distinction entre CES et CEG, qui deviennent tous des collèges – l'un des effets du collège unique est cette indistinction imposée de structures éducatives initialement différentes. La loi met donc fin à l'organisation de la scolarité en filières. L'hétérogénéité des classes est établie, des actions de soutien et des activités d'approfondissement sont organisées. Le brevet des collèges remplace le brevet d'études du premier cycle du second degré (BEPC).

D'aucuns déjà protestent : le collège unique, disent ces enseignants lucides, ne contribue pas à démocratiser l'enseignement, mais, en supprimant les filières, il appauvrit les programmes, répond à un souci de réduction des dépenses d'enseignement et fabrique un élève nouveau – et, à terme, un homme nouveau qui pédalera pour apporter leur pitance à leurs homologues plantés devant la télévision.

Mis en œuvre à la rentrée 1977, le collège unique est vite confronté à des difficultés persistantes : hétérogénéité des élèves (niveau scolaire et origine sociale) qui enfantera la pédagogie de la « différenciation », difficultés de gestion et d'adaptation à ces nouveaux élèves, inégalité croissante entre les établissements (la vraie école à deux vitesses trouve là son origine), progression des incivilités dans les établissements, impréparation des enseignants, ambiguïté des objectifs du collège unique qui accueille tous les élèves jusqu'à seize ans, mais doit *en même temps* en préparer certains à des études longues.

Des aménagements sont régulièrement proposés pour corriger ces difficultés. En décembre 1982, Louis Legrand, ancien directeur de l'Institut national de la recherche pédagogique, dans *Pour un collège démocratique*, propose la mise en place d'une pédagogie différenciée – nous y voici : tutorat pour les élèves en difficulté, autonomie des établissements pour mieux prendre en compte les situations locales, travail en équipe pédagogique. On avait créé le désordre, on institutionnalisa le foutoir.

Le reste – tout le reste – découle de ces décisions apparemment motivées par un souci d'efficacité.

Au début des années 1980, l'objectif, annoncé par Jean-Pierre Chevènement et immédiatement adopté par les pédagogistes, de mener 80 % d'une classe d'âge au baccalauréat tend à allonger le temps de scolarité. Le palier d'orientation en fin de cinquième vers un cycle professionnel court est officiellement supprimé par une circulaire de 1991. Les classes de quatrième et troisième technologiques, créées pour diversifier les modalités d'enseignement et apporter un soutien aux élèves en difficulté, sont également supprimées en 1998, faute d'avoir atteint leur objectif : seuls 5 % de leurs élèves, très majoritairement issus de familles défavorisées, parvenaient en seconde.

En 1994, François Bayrou propose un « nouveau contrat pour l'école ». Le collège doit rester unique, mais pas uniforme. Il est réorganisé en trois cycles : le cycle d'observation en sixième, le cycle central cinquième-quatrième et le cycle d'orientation en troisième. Des parcours diversifiés sont mis en place pour les élèves en difficulté. La réforme prévoit également des études dirigées en sixième et cinquième, des emplois du temps modulés sur la semaine et des enseignements en effectifs allégés.

Échec des bonnes intentions – car on ne peut rien reconstruire sur une base viciée, sinon de l'instabilité. En mai 1999, une nouvelle réforme des collèges est lancée par Ségolène Royal, ministre délégué chargé de l'Enseignement scolaire : sur ses compétences réelles, tout le monde s'interroge encore. Elle s'appuie sur les conclusions du rapport du sociologue François Dubet, « Le Collège de l'an 2000 », favorable au maintien du « collège pour tous », qui réaffirme son rôle intégrateur et refuse une orientation précoce. Il propose notamment de remettre à niveau des élèves arrivant en sixième avec des lacunes importantes, de favoriser une plus grande cohérence des enseignements et des équipes pédagogiques, de diversifier les méthodes d'apprentissage, de promouvoir la culture technique, de réformer le pilotage des collèges afin de lutter contre l'accroissement des écarts entre les établissements, d'améliorer la vie au collège en y associant davantage les parents et les élèves. Quand un rapport propose quinze pistes, c'est qu'il entend noyer le poisson. Dubet n'a aucune intention de remettre en cause les choix fondamentaux des années 1970.

Les principales mesures mises en place par Ségolène Royal sont les suivantes : articulation entre primaire et secondaire ; aide aux élèves en difficulté (heures de soutien) ; renforcement des études dirigées en sixième et cinquième, tutorat ; encouragement à la pluridisciplinarité en créant des travaux croisés en quatrième ; instauration d'une « heure de vie de classe » tous les quinze jours ; élaboration d'une charte des droits et devoirs du collégien. Autant d'emplâtres sur la jambe de bois du collège unique.

Le lecteur a repéré l'« heure de vie de classe », bla-bla auquel aujourd'hui encore les élèves assistent en surfant sur leur portable, et l'« encouragement à la pluridisciplinarité », qui se traduit aujourd'hui par des heures communes français-maths, où l'on ne fait ni du français ni des maths. Mais les bataillons de PEGC, ex-instituteurs « montés » au collège et enseignant deux disciplines, sont satisfaits. Tout ce qui va dans le sens d'un affaiblissement des disciplines ne peut que satisfaire des gens qui sont des généralistes, mais surtout pas des spécialistes.

Je suis alors enseignant dans un petit collège rural. Et je me rappelle une prise de bec avec l'un de ces enseignants

« pluridisciplinaires » persuadé que Montesquieu, dans un texte célèbre de l'*Esprit des lois*, était un esclavagiste convaincu puisqu'il use systématiquement du mot « nègre » – couramment utilisé au XVIIIe siècle pour dire « Noir ». Nos militants indigénistes modernes, intersectionnels jusqu'au bout des ongles, pensent exactement la même chose, puisqu'ils souffrent de la même inculture.

Le rapport Joutard[1], remis le 7 mars 2001 à Jack Lang, ministre de l'Éducation nationale, défend le maintien de l'architecture du collège. Il cherche à répondre à trois difficultés : comment diminuer l'hétérogénéité extrême qui rend le collège unique ingérable ; comment ne plus faire du collège un petit lycée ; comment donner aux collégiens les compétences nécessaires pour la société du XXIe siècle. La réforme présentée par Jack Lang vise à changer les approches pédagogiques pour mieux prendre en compte la diversité des élèves et lutter contre l'échec scolaire. Une période d'intégration est prévue pour les élèves qui entrent en sixième. Des « itinéraires de découverte » sont mis en place en cinquième et en quatrième, des cours optionnels sont proposés en troisième. L'idée est de favoriser la diversité des activités pour mieux motiver les élèves.

Emplâtres, etc.

En 2005, la loi d'orientation pour l'avenir de l'école, présentée par le ministre François Fillon – qui ne connaissait strictement rien à l'Éducation –, définit un *socle*

1. Philippe Joutard, agrégé d'histoire, spécialiste des camisards et des insurrections protestantes des Cévennes, professeur à Aix-Marseille Université, était naturellement désigné pour s'occuper des programmes du primaire et de leur jonction avec le collège…

commun de connaissances et de compétences que chaque élève doit maîtriser au terme de la scolarité obligatoire, c'est-à-dire à la fin du collège. Le collège a pour mission de donner à tous les élèves les connaissances et les compétences indispensables à la poursuite des études, à l'exercice de la citoyenneté et à leur future insertion professionnelle.

Insistons sur le terme « compétences », qui va très vite dévorer le mot « connaissances ». Ces compétences seront déclinées en « savoir apprendre », « savoir-faire » et « savoir-être » – quoi que cela signifie. Évidemment, si l'on peut évaluer des savoirs (sait/ne sait pas), il est très difficile d'évaluer des compétences, toujours « en cours d'acquisition ». La disparition progressive des notes – actée désormais au primaire et dans certaines sixièmes – découle de cette difficulté. On notera désormais avec des couleurs ; les « professeurs des écoles » passent des heures à cocher des cases pour évaluer leurs élèves. Aux États-Unis, on notait avec des lettres, de A à E. Mais les deux dernières catégories, D et E, étaient pour ainsi dire inutilisées, les parents des enfants ainsi stigmatisés s'empressant de porter plainte pour obstruction à la « *self-esteem* » du bambin et se faisant verser des dommages-intérêts calculés sur le manque à gagner des cinquante prochaines années. L'amour-propre aussi est un capital, surtout quand il n'a aucune raison d'être.

La réforme du collège de Najat Vallaud-Belkacem (pas davantage connue pour ses compétences en éducation, ni d'ailleurs en quoi que ce soit) entre en vigueur à la rentrée 2016. La mission assignée au collège est double : renforcer l'acquisition des savoirs fondamentaux dans tous les enseignements et développer les compétences indispensables au futur parcours de formation des collégiens. L'organisation des enseignements disciplinaires est redéfinie en associant les enseignements communs, les enseignements d'accompagnement personnalisé et les enseignements pratiques interdisciplinaires (EPI).

Arrêtons-nous un instant sur ces EPI. Ils sont les héritiers directs de la pluridisciplinarité des années 1980. Les journalistes spécialisés se sont gaussés de combinaisons lettres/SVT, amenant à se demander doctement si Mme Bovary mangeait équilibré. Sans doute était-il offensant pour les enfants de diététiciens ou de vegans – ces derniers formant un groupe fort réduit mais vociférant – d'étudier le chapitre IV de la première partie du roman, où Flaubert décrit le repas de noces d'Emma : « Il y avait dessus quatre aloyaux, six fricassées de poulets, du veau à la casserole, trois gigots et, au milieu, un joli cochon de lait rôti, flanqué de quatre andouilles à l'oseille. Aux angles, se dressait l'eau-de-vie dans des carafes. Le cidre doux en bouteilles poussait sa mousse épaisse autour des bouchons, et tous les verres, d'avance, avaient été remplis de vin jusqu'au bord. De grands plats de crème jaune, qui flottaient d'eux-mêmes au moindre choc de la table, présentaient, dessinés sur leur surface unie, les chiffres des nouveaux époux en arabesques de nonpareille. On avait été chercher un pâtissier à Yvetot, pour les tourtes et les nougats. Comme il débutait dans le pays, il avait soigné les choses ; et il apporta, lui-même, au dessert, une pièce montée qui fit pousser des cris. À la base, d'abord, c'était un carré de carton bleu figurant un temple avec portiques, colonnades et statuettes de stuc tout autour, dans des niches constellées d'étoiles en papier doré ; puis se tenait au second étage un donjon en gâteau de Savoie, entouré de menues fortifications en angélique, amandes, raisins secs, quartiers d'oranges ; et enfin, sur la plate-forme supérieure, qui était une prairie verte où il y avait des rochers avec des lacs de confitures et des bateaux en écales de noisettes, on voyait un petit Amour, se balançant à une escarpolette de chocolat, dont les deux poteaux étaient terminés par deux boutons de rose naturelle, en guise de boules, au sommet. »

D'aucuns, et des mieux intentionnés, s'interrogent : « Le collège unique a-t-il vraiment existé ? Au début des années 2000, certains prévoyaient sa disparition quand d'autres (comme le Haut Conseil de l'éducation, notamment) estimaient qu'il n'avait jamais eu d'unique que le nom. Le rapport de la commission culturelle de l'Assemblée nationale sur le projet de loi sur la refondation de l'école parle de “fiction”[1]. »

Eh non ! le collège unique n'a pas permis d'effacer les effets des inégalités sociales sur la réussite scolaire. Les pratiques internes des collèges dans la gestion de l'hétérogénéité des publics sont parfois contraires aux principes du collège unique – ce qui permet aux enthousiastes de la première heure de s'acharner en affirmant que le collège unique n'a jamais été pleinement réalisé et qu'il faut creuser plus profond. Non seulement des élèves s'excluent à partir de la quatrième vers des filières professionnelles, mais ils sont de plus en plus nombreux à s'ennuyer profondément sur les bancs de cette école qui ne leur apprend rien. Et cela, c'est un crime contre l'esprit d'abord, contre la nation ensuite.

1. Voir « Le débat sur le collège unique », Vie-publique.fr, 28 juin 2019.

Renoncer au collège unique signerait-il l'abandon d'une vraie démocratisation du système scolaire ? En réalité, c'est le contraire qui est vrai. Le collège unique a anéanti le peu de démocratisation de l'école traditionnelle. Jamais les différences de classes (sociales) n'ont été si fortes. Non seulement les parents informés (les autres sont broyés par la machine) adoptent des stratégies de contournement de la carte scolaire, inscrivent leurs rejetons dans le privé, leur paient des répétiteurs, mais les enseignants des collèges les plus défavorisés ont eux-mêmes baissé la garde depuis longtemps. Prétextant du caractère tout écrit du destin des mômes auxquels ils enseignent, ils s'insurgent dès que l'un d'entre eux prétend leur enseigner que les « déterminants » du nom – la tarte à la crème des programmes de Vallaud-Belkacem – se distillent en adjectifs, compléments du nom, propositions relatives, etc. Combien d'enseignants formés depuis dix ans ignorent tout de ces raffinements grammaticaux et pensent, au fond, qu'en parler serait offrir de la confiture aux cochons ?

Nous verrons plus loin comment remédier à cet état de choses, redonner de l'ambition aux élèves et aux maîtres, contrarier les fatalités sociologiques – ce qui devrait être l'objectif premier d'un maître digne de ce nom. Imputer aux « libéraux » la volonté de briser le collège unique et d'anéantir le pouvoir jacobin du ministère est un peu court : les libertaires pédagogues sont les premiers fourriers du libéralisme décomplexé, et tout ce qui contrariera le collège unique – les décisions tombées du ciel grenellien, l'écrasement des bonnes volontés des meilleurs enseignants sous la routine pédagogiste imposée par les instances inspectorales ou la rengaine syndicale qui confond le quantitatif (« des postes ! des sous ! ») et le qualitatif (les subtilités des savoirs savants) – permettra de redonner de l'espoir aux divers acteurs du théâtre éducatif.

Le collège unique a été et reste, malgré les réformes successives, un échec, même au regard des objectifs avoués. Et *Le Monde de l'éducation* de titrer : « Autopsie d'un échec. » Loin de « démocratiser » l'enseignement et de réduire les « inégalités », la réforme et les réformes inspirées des mêmes idéologies les ont augmentées.

En effet, en imposant un enseignement uniforme, on nie la diversité des situations des élèves et on déresponsabilise les acteurs de l'enseignement. En outre, dévalorisant les diplômes sans réussir à améliorer le niveau des élèves, les politiques de « démocratisation » ont entraîné des frustrations chez les jeunes diplômés déclassés, phénomène qui n'est pas étranger aux éruptions régulières dans les universités et dans les lycées. Loin des discours idéologiques des centrales syndicales, les jeunes professeurs ne disent pas autre chose : selon un sondage Sofrès auprès des enseignants de collège et de lycée de moins de trente-cinq ans, 73 % d'entre eux pensent que leur « vocation à accueillir tous les élèves » est un « objectif irréaliste ». Pour 71 % de ces nouveaux profs, « inciter le plus d'élèves possible à poursuivre jusqu'au bac » dévalorise l'épreuve et abaisse le niveau.

Le collège unique, expliquait il y a quarante ans Jean-Marie Benoist, participe « à l'œuvre de destruction de l'esprit que subissent en leur crépuscule les sociétés libérales occidentales », lesquelles se dirigent « vers le règne de l'uniformité, digne des démocraties populaires et vers la dépersonnalisation absolue, celle des steppes et des supermarchés. [...] Ce mythe égalitaire est digne de ce peuple de guillotineurs que nous sommes depuis 1793 et se traduit par la culpabilisation de tout aristocratisme. De tout élitisme dans le savoir : raccourcir ce qui dépasse, ce qui excelle, voilà le mot d'ordre[1] ».

Nous verrons plus loin qu'au jacobinisme écervelé dont témoigne le collège unique doit répondre un girondisme audacieux, qui redonnera aux acteurs de terrain, aux collectivités territoriales, le pouvoir d'infléchir la politique éducative.

1. Jean-Marie Benoist, *La Génération sacrifiée. Les dégâts de la réforme de l'enseignement*, Denoël, 1980.

9

Le million Stoléru

Pendant que le collège unique posait les bases de l'apocalypse scolaire, le regroupement familial faisait des siennes. L'appel d'air créé par l'imprudente (mais fort réfléchie) décision de Giscard demandait urgemment des accommodements.

Secrétaire d'État auprès du ministre du Travail, chargé de la condition des travailleurs manuels sous le gouvernement Jacques Chirac en 1976, puis chargé des travailleurs manuels et immigrés sous le gouvernement de Raymond Barre (1978-1981), Lionel Stoléru est l'homme de la politique des retours, s'inspirant au départ de l'exemple allemand.

Dans cette fin des années 1970, où le chômage dépasse le cap symbolique du million de personnes (on mesure tout le chemin parcouru, maintenant que nous en sommes à six millions), les regards changent sur la crise et sur l'immigration. Réduire la présence des immigrés en France apparaît comme le moyen d'enrayer l'aggravation du chômage, reprenant ainsi la vieille équation : trop de chômeurs = trop d'immigrés, qui fait alors les beaux jours du FN renaissant grâce à une habile politique mitterrandienne. Dans la foulée de la suspension de l'immigration de travail en 1974, est proposé en 1977 le dispositif d'aide au retour volontaire, assorti d'une subvention de 10 000 francs par personne – ou « million Stoléru ».

La manifestation, organisée à l'initiative de diverses associations, de collectifs (tels que le Comité de coordination des foyers Sonacotra ou le Mouvement des travailleurs arabes) et de partis politiques, demande l'abrogation de cette mesure, ainsi que d'autres présentes dans le décret du 10 novembre 1977 (comme l'arrêt pour trois ans de l'immigration familiale), et réaffirme le droit de tous à lutter côte à côte, illustré par le slogan « Français-immigrés, une seule classe ouvrière ».

Le projet, dénoncé au sein même des institutions républicaines (Conseil d'État, Assemblée nationale) par des hommes de gauche comme de droite, est finalement abandonné en 1978. L'échec de cette mesure aboutit à un programme de retours autoritaires de cinq cent mille migrants sur cinq ans, visant plus particulièrement les Algériens.

« De tous les États européens, écrit alors Michel Poinard, qui comptent un grand nombre d'immigrés dans leur population active, la France est le seul qui ait institué une procédure de retour volontaire de ces travailleurs en leur proposant à cette fin une assistance financière d'un montant de dix mille francs. La procédure mise en place fin mai 1977 visait les chômeurs étrangers secourus de vingt-trois nationalités ; quatre mois plus tard, elle était étendue aux chômeurs non secourus et aux salariés ayant au moins cinq ans d'ancienneté en France. La "note d'information" qui précisait le "dispositif réglementaire" de cette procédure fut annulée en novembre 1978 par le Conseil d'État. De juin 1977 à décembre 1978, 24 461 dossiers furent présentés à l'administration par des travailleurs qui réclamaient l'application de cette procédure (soit 5 % de ceux qui auraient pu y prétendre) ; 23 300 attributions furent décidées, qui intéresseraient, avec les familles, environ 45 000 personnes. On estime que la moitié des retours de l'année 1978 s'est faite en tirant parti de cette procédure[1]. »

Un succès dont on mesure aujourd'hui, avec la quatrième génération d'immigrés assise, le cul entre deux cultures, sur les bancs de l'École, toute la portée. L'échec du collège unique, les réformes successives des apprentis sorciers et la présence de plus en plus sensible d'une population d'origine immigrée à laquelle on n'a offert aucun outil d'intégration, en la maintenant dans des ghettos scolaires construits dans des ghettos urbains, incitent les pédagogues à intensifier leurs efforts. C'est là – et maintenant – que se joue la partie.

---

1. « Le million des immigrés », *Revue géographique des Pyrénées et du Sud-Ouest*, tome 50, fasc. 4, année 1979, p. 511. Michel Poinard y analyse le cas (marginal) des Portugais.

10

Du regroupement familial et de ses conséquences

J'ai noté la concomitance troublante du collège unique et du regroupement familial (29 avril 1976). La loi Haby du 11 juillet 1975 préparait l'Éducation nationale au choc quantitatif et qualitatif que fomentait Giscard d'Estaing en ouvrant les vannes de l'immigration nord-africaine. C'est à partir de ce moment que l'on a commencé à parler de « massification » à l'école – alors même que le ralentissement des naissances, en France, donnait un peu d'air au système et permettait d'avoir des classes moins surchargées que pendant le baby-boom.

Mais pour les têtes pensantes qui nous gouvernent, le plus est toujours le mieux.

La première immigration, celle des années 1960, concernait des adultes recrutés pour travailler en France, principalement dans le BTP. Dans l'esprit de ceux qui l'organisaient, cette immigration était temporaire – jusqu'à ce qu'elle se révèle de longue durée. D'où la nécessité de reconstituer les familles pour stabiliser des travailleurs isolés, souvent logés dans des foyers Sonacotra particulièrement immondes. Pour avoir travaillé moi-même à l'alphabétisation des immigrés au début des années 1970, je peux témoigner de leur analphabétisme profond, qui permettait à des marchands de sommeil, comme on disait alors, de les exploiter sans scrupule. Et, vivant à Marseille dans les années 1960, je peux également témoigner du fait qu'aucune femme, parmi les rares venues rejoindre leur époux, n'était voilée. « C'est bon pour le bled », disaient-elles. Je me rappelle mon ébahissement de gamin devant ces chevelures teintes au henné le plus cuivré.

Les populations jeunes qui arrivent après 1976 ne sont pas culturellement plus instruites. Le système scolaire n'est pas ce que la jeune Algérie, qui en était à ses premières années, avait eu pour priorité de construire. Elle avait préféré déconstruire ce que les Français avaient mis en place et remplacer l'école par la mosquée.

De là à affirmer, comme le font aujourd'hui certains, que les Maghrébins sont en moyenne moins intelligents que les « Gaulois » (j'utilise des guillemets pour souligner tout ce que ce vocable a de ridicule), il y a un gouffre. On sait depuis les travaux de l'école de Chicago que les résultats des tests de QI – si tant est qu'ils soient fiables, et l'on compte aujourd'hui tant d'enfants « précoces » qu'il m'arrive d'en douter – sont biaisés par la personnalité du testeur, voire par sa couleur de peau.

Un phénomène historique parallèle se développe en ce mitan des années 1970. Des dizaines de milliers de réfugiés indochinois – ces *boat people* vietnamiens échappés au Viêt-Cong, puis ces Cambodgiens fuyant les Khmers rouges –, arrivent concurremment en France. Pas plus lettrés que les petits Maghrébins, ils sont intégrés à la va-vite dans les écoles françaises. Sauf qu'ils ne se comportent pas du tout de la même façon. Les Asiatiques arrivés complètement démunis en France cherchent à s'intégrer par le travail et par l'École, et par le travail à l'école. En un an, ils parlent français ; en deux ans, ils caracolent en tête de classe. Tel n'est pas toujours le cas de leurs condisciples maghrébins.

Quarante ans plus tard, alors que nous disposons de tout le recul nécessaire pour évaluer correctement l'insertion de ces enfants devenus adultes, qu'en est-il ?

Le Conservatoire national des arts et métiers (Cnam), fondé par l'abbé Grégoire en 1794 pour diffuser l'esprit des Lumières dans la formation des ingénieurs, ne se contente pas de former (très bien) des cadres de l'industrie : il dispose également d'un Laboratoire interdisciplinaire pour la sociologie économique. L'un de ses éminents chercheurs, Yaël Brinbaum, a récemment publié un rapport sur les « trajectoires scolaires des enfants d'immigrés » qui entérine ce que nous savions déjà : on ne naît pas cancre ou brillant sujet, on le devient[1].

---

1. Je suggère de lire en parallèle deux nouvelles de Maupassant, « Aux champs », fort connue, et « Un fils », qui l'est moins. Dans la première, un petit paysan né dans la misère normande de 1880 est adopté par de riches bourgeois rouennais et devient en deux décennies un très brillant jeune homme. Dans l'autre, un intellectuel parisien engrosse une servante d'auberge bretonne et constate, deux décennies plus tard, que le fruit de ses entrailles est une brute alcoolique et dégénérée. Maupassant, grand lecteur de Darwin, aurait beaucoup ri s'il avait eu connaissance des théories pédagogiques modernes.

En revanche, on naît fille ou garçon, n'en déplaise à ces féministes qui n'ont jamais rien compris à Simone de Beauvoir et aux transgenres qui instrumentalisent aujourd'hui l'Université. Et la biologie a quelque chose à dire sur la réussite ou l'échec scolaire.

Les enseignants savent tous – encore qu'ils le disent en général à voix basse – que les filles réussissent mieux que les garçons. Jean-Louis Auduc, éminent spécialiste du sujet, a publié en 2009 un petit livre stimulant, *Sauvons les garçons*, après avoir constaté que non seulement les résultats des petits mâles sont systématiquement inférieurs à ceux des jeunes filles, mais que de surcroît les deux tiers des cent cinquante mille « décrocheurs » qui abandonnent le système scolaire en fin de troisième sont des garçons. Des proies faciles pour tous les petits boulots dégradants et les petits trafics. Il a réitéré en 2018 avec *École, la fracture sexuée*. Il avait entre-temps identifié la source du problème : sur ces cent cinquante mille décrocheurs, les trois quarts sont issus de l'immigration maghrébine et subsaharienne.

Restait à analyser ces résultats au travers du filtre ethnique, ce que la loi française, qui ne veut pas reconnaître de différences entre ses citoyens, ne permet pas facilement. Il y a quelques années, une première étude en région bordelaise, en analysant les dossiers en fonction des patronymes, avait déjà donné des résultats probants, mais statistiquement limités. Puis le sociologue Baptiste Coulmont a étudié les résultats du bac (particulièrement les mentions « très bien ») à la lumière des prénoms – lesquels, disait *Le Monde* en 2018, sont révélateurs d'un milieu social plus ou moins favorable à la culture scolaire[1]. Ainsi, constatait le chercheur, Garance réussit mieux qu'Océane, et Augustin mieux que Ryan. Et beaucoup mieux que Mokhtar, Sofiane ou Mohamed, ce qu'une étude comparée des bacs de ces dernières années confirme. Regardez donc quels prénoms se regroupent sur la gauche du graphique, là où se rassemblent les élèves à mentions très passables. En surfant sur les années précédentes, vous obtenez exactement les mêmes résultats[2]. Or un « petit » bac est rarement suivi de succès dans le supérieur.

Yaël Brinbaum a donc eu l'idée de scruter les résultats scolaires de ces populations spécifiquement issues de l'immigration et de les comparer entre eux et avec les résultats des Français « de souche » (mais oui, il y en a !) sur l'ensemble du cursus, et pas seulement au niveau du bac. Les résultats sont cette fois statistiquement sérieux : le chercheur a analysé les résultats de trente mille élèves sur la période 2007-2016. La totalité de l'étude, publiée sous l'égide du ministère de l'Éducation, est disponible[3].

En tête, les Asiatiques, devant les Français « d'origine » ; puis l'Afrique subsaharienne, le Portugal, le Maghreb et enfin la Turquie. À chaque fois, les filles sont devant les garçons, et l'écart, limité pour les deux tranches supérieures, est abyssal pour les Africains et les Maghrébins. Pensez : 84 % des petites Africaines

---

1. Adrien de Tricornot, « Les prénoms qui obtiennent le plus de mentions "très bien" au bac », *Le Monde*, 19 juillet 2018.
2. « Le nuage des prénoms » : http://coulmont.com/bac/nuage.html
3. Yaël Brinbaum, « Trajectoires scolaires des enfants d'immigrés jusqu'au baccalauréat : rôle de l'origine et du genre », *Éducation & Formations*, n° 100, décembre 2019.

réussissent, contre 61 % de leurs homologues masculins ; 80 % des Maghrébines, contre 64 % des Maghrébins. Les chiffres sont respectivement de 92 % et 88 % pour les Asiatiques.

Le Figaro en est tombé de sa chaise : Marie-Estelle Pech constate, d'emblée, que « les élèves d'origine asiatique, et plus particulièrement les filles, se démarquent par leur sur-réussite, même comparés aux Français d'origine », et que les résultats des filles africaines et maghrébines « se rapprochent fortement des Françaises d'origine, contrairement aux garçons dont les résultats sont bien plus faibles ».

Encore faut-il spécifier quel bac obtiennent tous ces brillants sujets. Les filles maghrébines ou africaines ont bien plus souvent des bacs techniques « et surtout professionnels » – mais les Asiatiques surpassent les Européennes dans les bacs généraux (+ 12 points). Et les garçons de même origine ne sont pas en reste (+ 14 points).

On sait que le Pisa (Programme international pour le suivi des acquis des élèves, créé en 1997), qui analyse les résultats des élèves de quinze ans, place en tête, et de très loin, les pays asiatiques. Serait-ce à dire que les Chinois sont plus intelligents que nous – et beaucoup plus intelligents que les Nord-Africains ? Que Singapour vaut mieux qu'Alger ou Dakar et mieux que la plupart des communes françaises ? Non, bien sûr. Il n'est pas question ici de QI, mais de rapport au travail. Loin de moi l'idée que certaines ethnies présentent une capacité en moyenne inférieure à d'autres, mais le milieu dans lequel vivent les élèves a une influence déterminante sur leurs résultats. Les jeunes Asiatiques sont soumis – là-bas comme ici – à une intense pression familiale, qui porte au pinacle la réussite scolaire, surveille de près le travail de classe et professe un grand respect des enseignants. Des caractéristiques bien moins fréquentes dans d'autres groupes. Quitte à faire, ici comme là-bas, de très gros efforts financiers pour inscrire leurs enfants dans des écoles exigeantes.

Des collègues me font remarquer qu'ils ont fort peu d'Asiatiques dans leur classe. « Mais où sont-ils ? » Ma foi, ils enseigneraient à Louis-le-Grand ou à Stanislas, ils ne poseraient pas la question. Les Asiatiques de Belleville ou de la place d'Italie trustent les lycées dits « d'élite ».

Permettez-moi d'élaborer quelques hypothèses pour expliquer la réussite incontestable des uns et l'échec si fréquent des autres.

Certes, le niveau social des familles joue un rôle – mais les familles asiatiques immigrées de première génération, les *boat people* des années 1970, coincés entre la défaite américaine et les exécutions de masse des Khmers rouges, ne roulaient pas sur l'or. Et leurs descendants ne sont pas tous des Crésus, contrairement à ce que croient ceux qui les agressent. Tout comme il y en a d'autres (rappelez-vous le « gang des barbares ») qui restent persuadés que tous les juifs sont banquiers. Et puis c'est si simple d'aller prendre l'argent dans la poche de ceux qui travaillent...

Certaines « communautés » – comme il est d'usage de dire depuis que la France n'est plus qu'une mosaïque de revendications divergentes et de haines rancies – ne considèrent pas les garçons et les filles de la même façon. Il en est qui traitent réellement en rois les petits mâles – alors que leurs sœurs sont rarement princesses. On leur accorde tout sans effort, de la sucrerie lorsqu'ils sont gosses au droit de s'absenter quand ils sont plus grands. Et un roi ne travaille pas : à la limite, son activité scolaire prioritaire consistera à harceler ceux qui osent bosser. C'est par eux qu'« intello » est l'injure suprême.

Enfin, le paramètre religieux n'est pas indifférent. Les Asiatiques ne pratiquent guère de religions révélées. Ils ne croient pas qu'un Créateur incréé préside à leur destinée ; on ne leur promet pas un nombre indéfini de vierges lorsqu'ils accéderont au paradis – d'ailleurs, le concept même de paradis leur est étranger. Bref, ils se retroussent les manches et s'efforcent de réussir ici-bas, l'au-delà ne comptant guère. Une démarche qui a perduré même pour ceux qui, depuis le XIXe siècle, se sont convertis au christianisme.

À noter que les jeunes Maghrébines, pour religieuses qu'elles soient (mais le sont-elles ou sont-elles obligées de l'afficher ?), voient dans le succès scolaire une porte de sortie, la possibilité d'exister loin du clan, du quartier, de la « communauté », de l'imam et de l'« oncle » qu'on prétend leur faire épouser. Trop d'hommes, depuis leur naissance, prétendent régir leur destin. C'est d'ailleurs pour cela que les pratiques pédagogiques qui les confinent dans leur ghetto sont criminelles.

Ce sont elles qu'il faut aider, prioritairement. Ce sont elles qu'il faut héberger dans les internats d'excellence jadis créés par Blanquer et ses hommes – dont l'actuel recteur de Paris, Christophe Kerrero – et mis en sommeil par cinq années de gauche prônant l'égalité et qui ont fort bien réussi à creuser les différences. Au lieu de dépenser de l'argent inutilement sur des établissements qui les ventilent en « projets » vides de sens ou en sorties scolaires dispensables, et en réclament toujours davantage afin de les dilapider en toute bonne conscience, le ministère serait mieux avisé de l'utiliser pour celles (et ceux) qui travaillent, qui ne croient pas à la fatalité et qui ne prennent pas prétexte de leur couleur de peau pour ne rien faire – tout en gémissant.

Parce que les programmes scolaires manipulés par les pédagogues si soucieux de « respecter » les certitudes nocives des élèves ont une responsabilité dans cette ghettoïsation des intelligences.

L'histoire officielle de l'esclavage, par exemple, telle qu'elle a été édictée par la loi Taubira, fait porter la responsabilité de la traite et plus globalement de la colonisation sur les seuls Européens. Un historien fort sérieux comme Olivier Pétré-Grenouilleau analyse-t-il la traite saharienne et intra-africaine, on le voue aux gémonies. Les professeurs d'histoire pourraient peut-être expliquer aux populations qu'ils forment que la traite arabe fut plus meurtrière que la traite atlantique, et que la colonisation musulmane ou turque fut bien plus meurtrière que les conquêtes franco-hispano-anglaises. Mais voilà : cela formerait le jugement, au lieu de conforter les paresseux dans leur statut de victimes – une position fort pratique lorsqu'on entend ne rien faire d'autre que se plaindre.

Aux États-Unis, où les mêmes phénomènes sont constatés depuis longtemps, l'empire du politiquement correct a conduit certaines universités à brimer les Asiatiques afin de laisser de la place aux communautés hispaniques et noires – au nom de la « discrimination positive » que les Asiatiques (principalement des Chinois aujourd'hui, après les Vietnamiens arrivés au cours des années 1970 dans les fourgons de l'armée américaine en déroute) contrarient. C'est monstrueux, quand on y pense. Dans un système sainement élitiste, celui que j'appelle de mes vœux en France, ce sont ceux qui travaillent que l'on doit encourager, quitte à laisser les autres dans la bauge où ils se vautrent volontairement.

Aide-toi, le système t'aidera : voilà quel devrait être le slogan d'instances administratives cohérentes, conçues au plus près des besoins – et pas dans la solitude glacée de la rue de Grenelle ou dans la bonne conscience de certains syndicats.

Je voudrais encore insister sur la nécessité d'établir une discrimination pédagogique entre garçons et filles. Le système ancien qui séparait les sexes à l'école était certainement mû par des considérations vertueuses qui ne sont plus de notre temps. Mais on pourrait le rétablir – et seules des instances locales peuvent savoir, établissement par établissement, ce qu'il convient de faire.

Il fut un temps qui n'est pas si ancien – antérieur à la loi Jospin de juillet 1989 – où aucune jeune musulmane n'arrivait voilée à l'école, parce qu'elle ne l'était pas dans la rue. Ni sa mère.

Le plus souvent, le sentiment religieux s'étiole au fil des générations. Ce fut ainsi le cas des immigrés italiens des années 1880-1920. Arrivés en masse du sud de la Botte pour remplacer au pied levé des ouvriers français travaillés par le syndicalisme et les revendications, ils furent stigmatisés – et pourchassés, voire assassinés, par exemple en Camargue – pour leur refus de la solidarité prolétarienne, refus qui se fondait dans un catholicisme archaïque et faisait des patrons les représentants terrestres du Père éternel. Mais leurs enfants prirent le vent et leurs descendants – j'en suis – regardent désormais avec une certaine distance les rites de l'Église apostolique et romaine. Nous sommes allés vers la lumière et c'est tant mieux…

Ainsi pensais-je, quand à l'automne 1989, trois mois après la promulgation des « lois Jospin » sur l'École, l'élève au centre et patati-patata, une première « affaire de voile », puis une autre, et encore une autre, agitèrent le landerneau scolaire. L'enseignant que j'étais se rappelle sa stupeur devant les réactions gênées de certains collègues et les atermoiements de l'administration. Tolérance ! clamaient ces aveugles qui ne voulaient pas voir. Liberté d'expression ! gueulaient les sourds qui ne voulaient pas entendre.

Comment pouvait-on prendre ces ballons d'essai de l'obscurantisme religieux – ce que l'on a appelé le « foulardisme » – pour des manifestations de la liberté ? Un foulard bâillonne bien mieux qu'une poire d'angoisse, parce qu'il se donne à voir : ce n'est plus un individu, c'est toute une communauté qui est sommée ainsi de se plier à une règle inventée par les hommes pour soumettre les femmes. Opium du peuple, nous voilà !

Car la question est bien là. On sait de longue date – et bien avant Engels – que la femme est le prolétaire de l'homme. On sait aussi que, comme les prolétaires, elle s'est révoltée, qu'elle a conquis sa liberté – ce n'est pas fini – et qu'elle a revendiqué tous les droits à l'égalité. À commencer par le droit à l'instruction. Ce ne fut pas si simple et il ne faut pas avoir de l'école des « hussards noirs » une vue idyllique. Les petites filles ne furent scolarisées que lentement. Mais globalement, au lendemain de la Grande Guerre, c'était acquis. Fin des corsets et école publique, où d'ailleurs nombre d'institutrices entrèrent pour remplacer leurs collègues masculins tombés dans les tranchées – offrant du coup un modèle d'identification aux gamines auxquelles elles enseignaient. Trois victoires. Restait à conquérir le droit aux carrières – ce fut un combat plus long, mais victorieux tout de même. Et dans les années 1960-1970, les femmes reprirent possession de leur ventre...

L'obscurantisme auquel on a donné récemment droit de cité conteste globalement ces avancées successives du droit. La jeune fille est rappelée à ses destins prioritaires de vierge et d'épouse. L'épouse est rappelée à sa fonction unique de génitrice. Et des extrémistes à la barbe bien taillée parlent lapidation[1] sur des chaînes publiques ou refusent de serrer la main d'un ministre de l'Éducation, sous prétexte qu'il est une femme : que Najat Vallaud-Bellkacem ait accepté ce camouflet en dit long de ses allégeances réelles et de l'acceptation inconsciente de son infériorité.

Phénomène identitaire, nous dit-on. Mais de quelle identité parle-t-on ? N'aurait-on pas un peu sollicité cette identité factice ? Ne l'aurait-on pas recréée à partir d'un mythe moderne, arrivé de l'Iran khomeiniste ou d'une Arabie wahhabite, nourri d'extrémisme afghan ou algérien, abreuvé d'Intifada ?

1. « Hani Ramadan avait justifié, dans une tribune publiée dans *Le Monde* du 9 septembre [2002], le principe de la lapidation pour adultère au nom de la charia. Qui donc, ajoutait-il, a inventé le virus du sida, sinon Dieu créateur de toutes choses ? L'exécutif genevois a estimé que ces propos, plaçant la loi divine au-dessus de l'État de droit, violaient "le devoir de fidélité et l'obligation de réserve". Une enquête interne confiée à l'ex-procureur genevois Bernard Bertossa a été ouverte. L'avocat de Hani Ramadan, Alain Farina, a affirmé à *Libération* que "son client était prêt à faire valoir ses droits jusqu'à la Cour européenne des droits de l'homme" » (Pierre Hazan, *Libération*, 30 octobre 2002). Rappelons que Hani Ramadan est le frère de Tariq Ramadan, tous deux petits-fils de Hassan el-Banna, fondateur des Frères musulmans.

Pourtant, l'Iran ou l'Arabie saoudite, c'est loin. Le GIA est aujourd'hui défunt. Des intifadas, il y en a tous les quatre matins, sans qu'elles provoquent une radicalisation des consciences... Ce qu'il nous faut comprendre, c'est comment des croyances létales se sont infiltrées dans la conscience en friche d'adolescents ghettoïsés.

À la source de la contamination, il y a la démission de l'école de la République. L'extrémisme religieux – quel qu'il soit, et mon propos n'est pas de stigmatiser telle ou telle religion – s'est infiltré dans des cervelles adolescentes parce qu'on y avait laissé la place : des enfants, des adolescents abreuvés jusqu'à l'écœurement de biens terrestres par une société de consommation dévoratrice se sont cherché une transcendance, aussi factice soit-elle. Comment des jeunes filles que j'avais connues vives, profondément impliquées dans le travail scolaire, parce qu'elles voyaient dans l'École le moyen le plus sûr d'échapper aux contraintes familiales, ont-elles pu se laisser convaincre d'en revenir à la barbarie ? Comment des enseignants ont-ils pu accepter, ne serait-ce qu'une fois, que l'obscurantisme frappe à la porte de leur classe – et le laisser entrer ? Comment des pédagogues ont-ils pu penser que la libre expression passait par le bâillon ?

Le rapport de la commission présidée en 2004 par Jean-Pierre Obin[1] pointait du doigt une chronologie précise. Il décrit « la montée en puissance du phénomène religieux dans les quartiers, notamment chez les jeunes » et note que « le développement des signes et manifestations d'appartenance religieuse dans les écoles et

1. Édité par les soins de quelques professeurs vraiment laïques sous le titre *L'École face à l'obscurantisme religieux*, Max Milo, 2006.

les établissements scolaires ne semble être que la conséquence, ou plutôt la partie scolairement visible d'une dynamique plus vaste, souvent récente, parfois brutale ». Les ghettos constitués dans la périphérie des grandes villes dans les années 1960 ont engendré ces ghettos scolaires rebaptisés jadis ZEP, puis REP, REP+, et enfin ZPV (zone de prévention violence). Changer de nom n'a pas fait avancer la solution des problèmes.

Les ravages du chômage dans des milieux socialement fragiles ont eu aussi une conséquence singulière : la perte de prestige des pères, qui étaient en général de farouches défenseurs de l'École républicaine à laquelle, souvent, eux-mêmes n'avaient pas eu droit. À l'autorité vacillante de ces pères s'est substituée, à la fin des années 1980, celle des « grands frères », arrivés dans les fourgons du regroupement familial et sollicités officiellement par une politique à courte vue qui a cru acheter la paix sociale dans les ghettos au prix de quelques concessions : on a délibérément sacrifié l'autonomie et la liberté des jeunes filles, soudain soumises à la loi inique de grands adolescents en perte de père et de repères – et, à en croire quelques spécialistes, hantés par l'incertitude sexuelle. « Certains quartiers, dit le rapport Obin, nous ont été décrits, par des chefs d'établissement et des élus, comme "tombés aux mains" des religieux et des associations qu'ils contrôlent. » Jean-Claude Michéa, dans *L'Enseignement de l'ignorance*, montre fort bien qu'on a laissé s'instaurer ainsi des zones de non-droit, pensant y cantonner la violence.

L'idée a fait long feu. Dans un monde médiatisé, l'image a transporté le modèle obscurantiste hors du ghetto. Les anciens quartiers où l'on avait pensé expérimenter dans les années 1970 la mixité sociale et l'intégration ont vu peu à peu migrer ou disparaître toutes les associations, tous les particuliers qui ne se pliaient pas à la loi des petits voyous de l'intégrisme.

Que l'on me comprenne bien. Rien ne s'est fait par hasard et, là comme ailleurs, l'enfer est pavé de bonnes intentions. Jean-Pierre Obin est fort clair. Cette situation a aussi été le fruit de l'activisme de groupes religieux ou politico-religieux, ainsi que de l'action de certains bailleurs et de certaines municipalités, tous favorables, pour des raisons différentes, à une forme de séparation des populations. Ces politiques se sont également appuyées sur un courant de la sociologie disposant de solides relais chez les travailleurs sociaux et favorable au « regroupement » des populations précaires. Ce que d'autres sociologues appellent aujourd'hui l'« ethnicisation » de la vie des adolescents, c'est-à-dire leur construction identitaire sur la base d'une origine reconstruite ou idéalisée – et dont nous mesurons parfois les effets destructeurs dans la vie scolaire –, ne peut donc être conçu comme un phénomène isolé ou spontané, mais constitue l'un des fruits de ces évolutions, de ces politiques et de cette idéologie. Générosité, que de crimes on commet en ton nom !

À la stigmatisation dont certains jeunes se pensaient victimes et qui est souvent évidente, s'est substituée une identité empruntée, quelques idées simples insérées dans des cervelles vides et avides de vérités élémentaires. L'École avait failli à sa mission d'instruction publique depuis qu'on lui avait donné la tâche d'*éduquer* – et il n'est pas vain de remarquer que plus on éduque au lieu d'instruire, moins on y parvient. L'accent mis, au niveau scolaire, sur la « citoyenneté », dernière tarte à la crème à la mode chez les pédagogues qui vivent loin du 9-3 ou du XIVe arrondissement de Marseille (inutile d'en rajouter, n'est-ce pas, sur ceux qui pourtant y habitent et ne veulent pas voir ce qui se trame dans les banlieues de Lille ou de Lyon, parce que le phénomène a fait tache d'huile), a engendré plus de résistances à la laïcité et à la démocratie que les prêches des « barbus » rebaptisés « grands frères ».

D'où l'apparence d'un conflit de générations que signale le rapport Obin : « Des jeunes plus pieux et plus radicaux prennent le pouvoir ou tentent de le prendre, au sein des associations cultuelles, ou encore créent leurs propres associations, bousculant des anciens plus modérés et soupçonnés d'être inféodés aux associations traditionnelles contrôlées par les pouvoirs politiques des pays d'origine. » Et de préciser : « Ces “grands frères” proposent avec succès aux jeunes issus de l'immigration une identité positive et universaliste “musulmane” se substituant aux identités, souvent perçues comme négatives, “immigrée” de leurs parents et “mal intégrée” de leur génération, victimes l'une et l'autre du stigmate raciste. Celui-ci est parfois rebaptisé « islamophobie », arme philosophiquement contestable lorsqu'elle est tournée vers l'enseignement et les professeurs, mais qui a l'avantage, par ailleurs, de pouvoir “souder” la nouvelle “communauté assiégée”. Beaucoup de jeunes découvrent la religion en dehors du milieu familial. “La religion telle qu'ils la vivent ne les rapproche pas de leurs parents, mais les en éloigne”, constate dès 1994 Hanifa Chérifi. »

Les jeunes filles, les jeunes femmes ont les premières fait les frais de ce grand « retour du religieux ». Le rapport Obin énumère dès 2004, avec une insistance où l'on sent poindre la fascination pour l'horreur, cette mise sous tutelle morale et physique : « Partout le contrôle moral et la surveillance des hommes sur les femmes tendent à se renforcer et à prendre des proportions obsessionnelles. Il faut avoir vu ces femmes entièrement couvertes de noir, y compris les mains et les yeux, accompagnées d'un homme, souvent jeune, parfois un pliant à la main pour qu'elles n'aient pas à s'asseoir sur un endroit "impur", que plus personne ne semble remarquer tant elles font partie du paysage, et dont personne ne semble s'offusquer de la condition, pour saisir en un raccourci la formidable régression dont nous sommes les témoins. »

Encore ces « Belphégor », comme les appellent beaucoup d'acteurs de terrain, ne sont-elles pas les plus mal traitées, car il y a toutes ces mères totalement recluses à leur domicile, parfois depuis des années, qui ne viennent plus dans les écoles chercher leurs enfants et qui sont contraintes de déléguer cette tâche à un aîné ou à une voisine. « Alors que l'on observe de plus en plus souvent des fillettes voilées, les adolescentes font l'objet d'une surveillance rigoureuse, d'ailleurs exercée davantage par les garçons que par les parents, poursuit Jean-Pierre Obin. Un frère, même plus jeune, peut être à la fois surveillant et protecteur de ses sœurs. » Ne pas avoir de frère peut rendre une jeune fille particulièrement vulnérable.

À côté des fréquentations et des comportements, le vêtement est souvent l'objet de prescriptions rigoureuses : « Comme le maquillage, la jupe et la robe sont interdites, le pantalon est sombre, ample, style "jogging", la tunique doit descendre suffisamment bas pour masquer toute rondeur. Dans telle cité, on nous dit que les filles doivent rester le week-end en pyjama afin de ne pouvoir ne serait-ce que sortir au pied de l'immeuble. Dans tel lycée elles enfilent leur manteau avant d'aller au tableau afin de n'éveiller aucune concupiscence. » Presque partout la mixité est dénoncée, pourchassée et les lieux mixtes comme les cinémas, les centres sociaux et les équipements sportifs sont interdits.

« À plusieurs reprises, poursuit Jean-Pierre Obin, on nous a parlé de la recrudescence des mariages traditionnels, "forcés" ou "arrangés", dès quatorze ou quinze ans. Beaucoup de jeunes filles se plaignent de l'ordre moral imposé par les "grands frères", peu osent parler des punitions qui les menacent ou qu'on leur inflige en cas de transgression et qui peuvent revêtir les formes les plus brutales, celles qui émergent parfois à l'occasion d'un fait divers. Les violences à l'encontre des filles ne sont hélas pas nouvelles ; ce qui l'est davantage est qu'elles puissent être commises de plus en plus ouvertement au nom de la religion. » Et qu'elles soient tolérées par un corps enseignant aveugle ou complice, dont certains syndicats (Sud par exemple) appuient ces comportements inadmissibles.

« Les manifestations d'appartenance religieuse, poursuit Jean-Pierre Obin, semblent être, à tous les niveaux du système, la classe, l'établissement, l'académie, l'objet d'une sorte de refoulement ou de déni généralisé de la part de beaucoup de personnels et de responsables. »

Pourtant, les signes furent nombreux et limpides : refus de pratiquer le sport, refus d'assister à certains cours (SVT, par exemple) où le « modèle » créationniste est ridiculisé par l'évolutionnisme, refus de dessiner la figure humaine – ou même, dit Jean-Pierre Obin, de tracer des figures géométriques susceptibles de rappeler la croix chrétienne. Obsession de la « pureté », méfiance envers la mixité…

Et quand des chefs d'établissement, à Vaulx-en-Velin ou ailleurs, acceptent de faire entrer dans l'école ces « Belphégor » cachées sous une burqa qui dissimule complètement la personne ; quand les instructions officielles données en 2006 aux correcteurs des examens stipulent que « la loi sur le respect de la laïcité dans les écoles, collèges et lycées publics ne s'applique pas lors des examens », et que « les interrogateurs ne peuvent refuser d'évaluer un candidat porteur de signes ou de tenues manifestant une appartenance religieuse » ; quand des garçons de maternelle refusent de se mettre en rang derrière les petites filles, ces créatures inférieures, forcément inférieures ; quand des cantines, pour éviter les problèmes, ne se fournissent plus qu'en viande hallal ; quand des maris prétendent, comme je l'ai vu, se tenir debout derrière leur épouse pendant les épreuves du baccalauréat, sous prétexte de contrôler leurs regards – alors, on se dit qu'il y a quelque chose de pourri dans le royaume de l'Éducation.

La laïcité républicaine, telle qu'elle fut définie entre les lois Ferry et Combes, avait pour but de constituer une école en dehors du modèle religieux prédominant. Et, par là même, de donner des armes à une IIIe République encore fragile contre des extrémistes religieux alimentés par Pie X, qui foudroyait la « Gueuse » à grands coups d'encycliques. Le catholicisme fut bientôt cantonné, tout au moins au niveau éducatif, dans quelques régions limitrophes où les écoles religieuses l'emportaient encore sur la « laïque ». Le mouvement d'expansion des idées de Condorcet semblait irrésistible…

C'était compter sans les nouveaux gourous de l'enseignement moderne, la « fin de l'Histoire » importée des États-Unis, le mépris du modèle culturel français, l'élève « au centre du système » avec tous ses particularismes culturels, l'appel au communautarisme et bientôt la discrimination positive, afin de compenser des inégalités accentuées par une politique forcenée d'« égalité des chances », ce qui dispense toujours de se poser le problème, autrement ardu à résoudre, de l'égalité des droits. C'était compter sans une politique aberrante de saupoudrage financier de diverses associations dont la finalité profonde n'était peut-être pas seulement l'aide aux devoirs du soir. C'était négliger le recrutement d'« emplois-jeunes » au « zèle prosélyte notoire », faisant çà et là de l'école le cheval de Troie de l'intégrisme – « pour acheter la paix sociale », dit Jean-Pierre Obin.

Succès garanti : on a fait entrer le loup dans la bergerie. Dans ces circonstances, on comprend mieux les « conseils » gentiment donnés aux enseignants. Ne pas étudier, par exemple, d'œuvre susceptible de faire dresser l'oreille aux nouveaux croyants – et les ignorants font des intégristes de premier choix. *Exit* Voltaire, l'abominable auteur de *Mahomet ou le Fanatisme* ; *exeunt* tous les philosophes du XVIIIe siècle. Éteignons les Lumières. Quel professeur de philosophie étudie encore les « preuves » de l'existence de Dieu ? Kant, Hegel et Feuerbach sont passés par profits et pertes. Jean-Pierre Obin cite, dans le même ordre d'idées, Cyrano de Bergerac (l'auteur, pas le personnage) et *Madame Bovary* : nous revoici au temps où le procureur Pinard demandait la tête de Flaubert ou celle de Baudelaire : désormais, c'est la nôtre qui est sur le billot – et on sait depuis peu, depuis qu'un égorgeur est venu décapiter un enseignant d'histoire, que ce n'est pas une métaphore.

Car les violences physiques exercées sur les jeunes filles ont un pendant moins spectaculaire, mais tout aussi dégradant : la violence exercée sur des jeunes gens des deux sexes par une Éducation nationale qui peu à peu renonce à les instruire. Il faut le dire clairement : la « tolérance », dans son expression la plus aboutie – ou la plus abrutie –, lorsqu'elle tend à privilégier le « politiquement correct » aux dépens des savoirs, est une arme létale contre l'intelligence. Le « respect » sonne la fin de la liberté. Les émeutes de novembre 2005 n'avaient pas d'autre source : quand des enfants brûlaient des écoles, ils manifestaient leur haine pour des « lieux de vie » qui peu à peu cessent d'être les temples du savoir et de la discipline. On a soigneusement balisé le terrain des assassins qui, depuis 2015, ensanglantent la France.

Ferai-je remarquer que le rapport Obin remonte à 2004 ? Que depuis dix-sept ans bien des voix se sont élevées pour dénoncer la mainmise des obscurantistes sur l'École ? Que les enseignants qui ont favorisé ces manœuvres auraient dû être révoqués, voire traduits en justice – alors qu'ils sévissent encore et décernent des master, MEEF ? Non, je ne le dirai pas.

Que faire ? D'abord, je voudrais saluer celles qui se battent sur le terrain, non sans risque. Et demander à toutes les organisations féminines, ou féministes, de les appuyer sans réserve, au lieu de jouer la carte biseautée de l'intersectionnalité des luttes. Des considérations politiciennes retiennent certains partis de s'engager dans la bataille pour la liberté – principalement des partis de gauche. Si un parti hésite à s'engager clairement en faveur de la laïcité stricte, c'est peut-être qu'il a derrière la tête des idées peu avouables – par exemple, que les immigrés ou enfants d'immigrés forment un réservoir de « nouveaux prolétaires » aptes, à terme, à remplacer les ouvriers français qu'une politique habile a atomisés et que la gauche boboïsée méprise. Ou qu'une cinquième colonne a déjà investi ses convictions. Quand je vois les tergiversations officielles devant les manifestations d'intégrisme, ou les précautions oratoires dans l'enseignement du fait religieux, je finis par me demander quels intérêts servent ces bonnes consciences. Un tribunal révolutionnaire hérité de ceux de 1793 y verrait la main d'agents ennemis infiltrés.

Il faut impérativement dissoudre le terreau des absolutismes religieux. La sectorisation, par exemple, en favorisant l'émergence des ZEP, l'exclusion programmée d'élèves regroupés par quartiers, livrés de fait aux manœuvres d'intimidation des extrémistes, favorise la ghettoïsation, ce repli cultuel qui se prétend culturel. Nous avons un excellent réseau de transports scolaires. Mettons-le au service de la diversité, afin de restaurer l'unicité culturelle. Les collèges construits dans les années 1970 ou 1980 au cœur des ghettos doivent être démantelés – ça revient moins cher que de les réhabiliter – et leurs élèves transférés ailleurs, loin du quartier qui les fédère pour le pire et pour le pire. Tout comme il serait sage de décontextualiser un grand nombre d'élèves en leur offrant une chance d'aller dans des internats d'excellence – à multiplier urgemment.

Enfin, il faut redonner confiance et courage aux enseignants déstabilisés par des instructions officielles débilitantes. Qu'un professeur d'histoire, il y a quelques années, ait pu être mis à pied par son inspecteur d'académie parce qu'il apprenait, conformément aux programmes, l'histoire de Mahomet à une classe de cinquième, est proprement stupéfiant – et décourageant. Qu'un autre ait fini décapité dix ans plus tard donne une idée de la façon dont l'intolérance progresse sur le lit de notre tolérance. La liberté d'expression a bon dos, quand en son nom on tolère ou que l'on encourage les dérives linguistiques les plus nocives. Et Barbara Lefèvre a raison de souligner que, du barbarisme à la barbarie, il n'y a souvent qu'un pas.

Je pense souvent à ce qu'a été le calvaire du jeune Ilan Halimi, séquestré des jours durant dans une cave, torturé par des gosses en rupture d'école qui lui hurlaient, dans le jargon de la caillera, des phrases dont il ignorait le sens, tant la langue de la banlieue est retournée à la friche. On sait que « sale feuj ! » est devenu une injure courante – et c'est ce courant-là qui ne passe pas, pour moi. La violence commence dans les mots, elle se continue dans les contraintes du corps, elle se perpétue dans le laisser-faire des uns et le repli identitaire des autres. L'un des grands mérites du rapport Obin (dix-huit ans bientôt ! Que de temps perdu !) fut de faire la lumière sur cette violence-là, avant qu'elle ne dégénère et ne se généralise.

En 1783, un libertin notoire qui appartenait à la franc-maçonnerie et serait bientôt membre du Club des jacobins écrivait : « Ô femmes ! approchez et venez m'entendre... Venez apprendre comment, nées compagnes de l'homme, vous êtes devenues son esclave ; comment, tombées dans cet état abject, vous êtes parvenues à vous y plaire, à le regarder comme votre état naturel ; comment enfin, dégradées de plus en plus par une longue habitude de l'esclavage, vous en avez préféré les vices avilissants mais commodes aux vertus plus pénibles d'un être libre et responsable. » Deux cent trente ans plus tard, nous en sommes revenus au même point – et l'on voudrait nous faire croire que les jeunes filles qui caracolaient jadis si volontiers en tête de classe se sont voilées volontairement ? Et l'on voudrait nous faire accepter, au nom de je ne sais quelle tolérance dévoyée, que les écoles de la République cautionnent ce nouvel esclavagisme ?

« Apprenez qu'on ne sort de l'esclavage que par une grande révolution », continuait Laclos – c'était donc lui – dans son discours. Entre l'émeute et la révolution, l'une mortifère, l'autre improbable, il est une voie étroite, malcommode et exigeante – la seule réaliste – qu'on appelle la laïcité. Il est temps de l'emprunter – et de ne pas la rendre.

11

École : la fracture sexuée[1]

Si un groupe est aujourd'hui victime d'une discrimination grave, c'est celui des garçons – contre tous les discours qui présentent les filles comme les oubliées du système.

Contrairement à « ministre », qui est invariablement masculin sauf chez les militantes qui aiment les monstres grammaticaux, le mot « élève » est susceptible des deux flexions, masculine et féminine. Mais dans le grand bain d'indifférenciation qui a accompagné le passage progressif à la mixité de la fin des années 1950 au début des années 1970, on a peu à peu perdu le sens qu'affichaient tout simplement les mots « école communale de filles », « école communale de garçons » au fronton des établissements scolaires. Pire : les pédagogues, en veine de massification, ont inventé le mot neutre « apprenant » (que l'on ne met jamais au féminin, remarquez-le), sans voir que parmi toutes les fumisteries idéologiques dont ils

1. J'emprunte ce titre à mon ami Jean-Louis Auduc, auteur de *École, la fracture sexuée*, Fabert, 2016.

ont accablé l'École de la République, depuis quarante ans que gauche et droite leur en laissent les clés, celle-ci est l'une des plus létales.

Ajoutez à cela que la féminisation du métier d'enseignant (qui n'est pas forcément le signe d'une dévaluation, mais d'une prédilection des femmes diplômées vers les métiers de l'humain, enseignement, médecine ou droit) a installé devant les petits garçons des « maîtresses » auxquelles ils ont bien du mal à s'identifier, pendant que les filles prennent directement modèle…

À l'arrivée, sur dix élèves en grande difficulté, on compte sept garçons pour trois filles : retards scolaires ou faits de violence sont principalement l'apanage des garçons, parce que l'on n'a pas pensé la mixité et que l'on a cru qu'un modèle unique où l'on niait le « genre » marcherait indifféremment pour tous. Plus grave : la mixité, censée combattre les stéréotypes sexuels, les renforce – et ce sont les garçons qui font les frais de ce volontarisme béat.

Telle est la thèse que défend avec talent et persuasion Jean-Louis Auduc, avec des statistiques actualisées et une démonstration implacable.

L'évaluation des collèges dans le cadre de Pisa montre qu'entre garçons et filles, fin troisième, il y a un écart équivalent à une année d'études. Sur les cent quarante mille adolescents déscolarisés à ce moment-là, la tête vide et susceptible de se remplir d'une quelconque idéologie de substitution, les deux tiers sont des garçons – les trois quarts parmi les jeunes issus de l'immigration maghrébine. D'où la proportion écrasante d'hommes parmi les chômeurs peu qualifiés – et depuis 2008 parmi l'ensemble des chômeurs, car la proportion majoritaire de femmes (56 %) parmi les étudiants les amène à des diplômes supérieurs qui sont autant de remparts contre le non-emploi.

D'où la séduction des idéologies mortifères qui proposent aux jeunes garçons de rabaisser des femmes qui les dépassent en les enfermant dans des pratiques cultuelles, des habitudes vestimentaires et des asservissements communautaires. Les hommes en perdition se défendent comme ils le peuvent, avec l'aide d'idéologues qui instrumentalisent la religion.

Le plus grave, c'est que l'absence de réflexion sur cette question de la différence sexuée, sous prétexte d'uniformiser les « apprenants », exacerbe les stéréotypes de sexe. De la même façon, vouloir à tout prix l'égalitarisme – la réforme du collège de Vallaud-Belkacem – a exacerbé la compétition et fabriqué un élitisme fondé sur la fréquentation des « bons » établissements et non plus sur le mérite.

L'étude Pisa 2012 sur laquelle s'est appuyée Najat Vallaud-Belkacem pour imposer une réforme inique doit être lue dans le détail, ce que le ministère s'est bien gardé de faire. En France, de 2000 à 2012, la proportion d'élèves très performants est passée de 9 à 13 %, et celle des élèves en très grande difficulté est passée de 15 à 19 %. Or, notre universalisme de façade nous fait négliger que, pour l'essentiel, ce sont les filles qui font augmenter le premier pourcentage, et que les garçons sont de plus en plus majoritaires dans le second. Ce n'est pas le système scolaire en soi qui est responsable des écarts, mais la façon dont les deux sexes le reçoivent – fort différemment.

« Au total, écrit Auduc, pour l'accès d'une classe d'âge au niveau bac, on retrouve 64 % de garçons et 76 % de filles ; pour la réussite au baccalauréat, 57 % de garçons, 71 % de filles ; pour l'obtention d'un diplôme du supérieur (bac + 2 et plus), 37 % de garçons, 50,2 % de filles ; pour l'obtention d'une licence, 21 % de garçons, 32 % de filles. »

Même dans le défunt bac S ou dans les filières qui l'ont remplacé après la réforme tentée par Jean-Michel Blanquer, que l'on croit souvent des chasses gardées masculines, les filles décrochent plus de mentions « bien » et « très bien » que les garçons. Si pour des raisons d'appétence elles sont bien moins nombreuses que les garçons dans les classes prépa scientifiques – moins du quart des élèves –, elles représentent plus du tiers des élèves dans la plupart des grandes écoles scientifiques, preuve de leur excellence : 27 % aux Mines-Paris, 28,5 % aux Ponts, 37,4 % à l'ESCPI-Paris, 37,8 % à l'Insa-Lyon.

Les filles réussissent mieux pour diverses raisons : une maturité plus précoce (et marquée biologiquement, alors que les garçons courent après des rites d'initiation parfois douteux), une adaptabilité plus grande et une connivence marquée avec les enseignantes (80 % des professeurs, particulièrement dans les matières littéraires). Les garçons tentent dès lors de le leur faire payer et de le faire payer à une société qu'ils sentent hostile. D'autant plus hostile, paradoxalement, que dans certaines traditions on en fait de petits rois fainéants : moins ils s'investissent dans les tâches pratiques, à la maison comme à l'école, moins ils réussissent. « Plus le garçon est très jeune placé en position de "petit roi" de la famille et la fille en situation d'aide à la mère, plus le partage des tâches domestiques est faible entre les deux parents ou inexistant dans le cadre des familles monoparentales, plus l'écart filles/garçons est important. Nul n'ignore que c'est souvent dans certains milieux que les préjugés, les traditions sur le rôle respectif des garçons et des filles restent les plus ancrés. » Jean-Louis Auduc ne ressent pas l'obligation d'ajouter un dessin à son propos – moi non plus.

En moyenne, les garçons représentent plus de 80 % des élèves punis, des redoublants, des asociaux en puissance. Et quelle proportion parmi les candidats au djihad ?

Le « vivre ensemble », tarte à la crème des nouvelles pédagogies, qui ont placé les « savoir-être » bien avant les savoirs sur l'échelle des « compétences », ne sort pas indemne d'une telle concurrence. Avant d'abandonner la mixité (la solution d'un certain nombre d'écoles privées et/ou confessionnelles), on peut insérer des temps non-mixtes à l'école, qu'il s'agisse d'apprentissages ou de soutien, ou d'une réflexion sur l'ambiance de la classe. Évidemment, ce serait réintroduire les classes de niveau par la bande, puisqu'en grande majorité les élèves en difficulté sont des garçons. Mais là aussi, le pédagogisme béat des années 1970-1980 a interdit de penser les différences – et l'Éducation nationale tout entière est en train d'en crever.

De même – et là, la pensée de Jean-Louis Auduc, que je fais mienne, se fait carrément iconoclaste – pourrait-on réinsérer en douce des quotas qui assureraient aux hommes une présence accrue à l'école (et dans les autres disciplines où actuellement les filles leur mangent sur la tête). Quand j'ai passé l'ENS ou l'agrégation, il y avait deux concours – l'un pour les hommes, l'autre pour les femmes –, dotés d'un nombre égal de postes (et des deux côtés on recrutait les meilleurs : cent postes au total pour deux mille cinq cents candidats, cela laisse peu de chances au hasard et aux coups de chance). C'est ce qui explique que, parmi les enseignants les plus âgés, il y ait encore un grand nombre d'hommes – en voie rapide de disparition au fur et à mesure que les dernières classes qui ont bénéficié de ce principe partent à la retraite. Le système du concours unique et indifférencié mis en place sous Giscard (pour l'agrégation, en 1976) et Mitterrand (1986 pour les ENS) a favorisé des étudiantes prépréparées à une voie que les garçons sont amenés de plus en plus à rejeter – avec toutes les conséquences que cela entraîne. Le retour à deux concours séparés conduirait sans doute de nouveaux candidats dans un domaine – l'enseignement – où il y a désormais souvent plus de postes que de postulants, ce qui amène les jurys soit à refuser des candidats scientifiquement indignes, soit à recruter quand même des candidats aux compétences et aux savoirs légers.

Qu'il y ait encore des discriminations salariales en défaveur des femmes est indéniable, et c'est insupportable. Mais on ne mesure pas assez le phénomène inquiétant que constitue la mise à l'écart d'une majorité d'hommes désormais prêts à se servir dans les râteliers que l'on met à leur portée – y compris les râteliers d'armes.

12

La fin de l'Histoire

Quand le mur de Berlin s'effondra, que l'Ouest eut véritablement remporté la Guerre froide, on se souvient que Francis Fukuyama prédit « la fin de l'Histoire » et se tailla un joli succès avec une étude du même titre. La tension entre les blocs, analogue à la lutte des classes qui est chez Marx le moteur de l'Histoire, n'avait plus de raison d'être. Nous allions marcher ensemble désormais vers l'univers radieux du capitalisme triomphant.

Il ne fut pas le seul à le penser. Il est constant que tous les totalitarismes proclament, à un moment ou un autre, la fin de l'Histoire et annoncent un an 01 qui débute avec eux. Il en fut de même avec la construction européenne, et la désinstruction nationale de l'histoire, sensible dans l'ignorance béante des enfants d'aujourd'hui, n'est que le produit d'une volonté politique affirmée et constante. Ce n'est pas seulement pour supprimer des postes de professeurs d'histoire-géographie que l'on a pratiquement supprimé l'étude de l'histoire. Cela correspond à un *projet.*

Commençons par la fin – l'intégration européenne et le lancement de l'euro. Entre l'acte de naissance de la monnaie unique, inscrit dans le traité de Maastricht, et le passage effectif à l'euro, en janvier 2002, il fallut résoudre la question, qui était loin d'être secondaire, de ce qui serait représenté sur les billets de banque de la nouvelle monnaie.

Chaque pays imprimait sur ses billets le visage de ses grands hommes. L'Allemagne y mit, entre autres, un portrait gravé par Lucas Cranach l'Ancien, puis y représenta l'humaniste et cartographe Sebastian Münster, avant de commencer une série d'artistes célèbres, toutes des femmes (Bettina von Arnim, par exemple) ou des scientifiques. Les Italiens avaient préféré Marco Polo sur fond de Palazzo ducale vénitien, ou Verdi sur fond de Scala de Milan – mais aussi Galilée, Marconi, Bellini, Volta ou Raphaël. Et les Espagnols y représentèrent, au gré des décennies, Don Quichotte, le marquis de Santa Cruz, l'un des héros de la bataille de Lépante, Alphonse X de Castille, Manuel de Falla ou Rosalía de Castro. Littérature, arts, sciences, politique, chaque pays puisait dans son fonds historique. La France n'était pas en reste : politiques (Richelieu ou Bonaparte), écrivains (de Corneille à Hugo en passant par Racine ou La Bruyère), artistes (Delacroix, Quentin de La Tour). Chaque pays capitalisait sur ses gloires…

Les concepteurs et les graphistes de l'euro ont voulu en finir avec ces exaltations nationales, au moment même où les pédagogues rayaient des programmes l'histoire événementielle et chronologique, supprimaient les « grands hommes » auxquels la patrie n'était désormais plus reconnaissante de rien et préféraient l'étude de l'habillement paysan au Moyen Âge aux démêlés de la guerre de Cent Ans – ou de Sept Ans. Des guerres en Europe ? Impossible ! Les billets représentent donc désormais des portes et des fenêtres ouvertes et des ponts. Symbolisme naïf, mais significatif *per absentia* : aucune présence humaine sur ces dessins dépersonnalisés, et surtout aucun souvenir historique – ni architectural. L'Europe commence à Maastricht, *ex nihilo*. Trois mille ans d'Histoire effacés en quatre coups de crayon. An 01.

Quant à célébrer la bataille de Lépante (1571) ou celle de Vienne (1583), qui l'une et l'autre mirent l'Europe à l'abri des invasions turques, il n'en était plus question. Des guerres contre des musulmans ? Impossible.

Ces personnages illustres dont le visage nous était devenu familier, à force de les avoir entre les mains – et il est significatif que le héros littéraire par excellence, Victor Hugo, ait orné le billet le plus familier, celui de 5 francs –, ont disparu des représentations après avoir disparu des programmes. Et leurs œuvres itou.

Pour bien situer les enjeux de cette éradication, il faut revenir aux sources de l'historiographie scolaire, celle promulguée par Ernest Lavisse au début de la IIIe République. Le « roman national » commence là et correspondait à une nécessité : après la débâcle de 1870, la perte de l'Alsace-Lorraine (et les pédagogues béats d'aujourd'hui devraient bien se représenter ce qu'a signifié cette perte pour des millions de Français, passés d'un coup sous botte prussienne – nombre d'entre eux ont choisi de partir en Algérie, formant le gros de ces « colonisateurs » stigmatisés par ces mêmes pédagogues) appelait une revanche. Sans aller chercher Erckmann-Chatrian ou « La Dernière Classe » d'Alphonse Daudet (dans les *Contes du lundi*), toute la littérature de la IIIe République appelle au sursaut – voir, chez Maupassant, soldat en 1870, les admirables récits *Boule de suif* ou *Mademoiselle Fifi*.

L'Éducation ne fut pas en reste. Les manuels de Lavisse ont pour objectif de former des héros en jouant sur la *mimesis* – l'identification. On n'enseigne pas le dernier combat du roi Jean le Bon et de son fils, les luttes de Jeanne Hachette ou du Grand Ferré, de Du Guesclin et de Jeanne d'Arc, les exploits de Bayard, la mort de Bara, sans une idée derrière la tête. L'ennemi avait beau être souvent l'Anglais, il n'était que la métaphore de l'occupant aux ordres du Kaiser.

Du héros on apprend tout, le nom de son cheval ou celui de son épée. Alexandre chevauchait Bucéphale, qui avait peur de son ombre, et Roland mit en fuite cinq cent mille Sarrasins en les taillant en pièces avec Durandal. Qu'importe, à huit ans, que la réalité soit quelque peu différente et que des bergers basques ulcérés dont on avait sans doute fait rôtir les moutons aient anéanti l'arrière-garde de Charlemagne. Mais aujourd'hui, qui apprend pourquoi une faille dans la montagne au-dessus de Gavarnie s'appelle la Brèche de Roland – là où le paladin (un joli mot qui ne s'apprend plus, il n'appartient pas au registre contemporain) tenta de briser la lame de son épée ?

Et malgré la boucherie de 14-18, qui relativisa la notion d'héroïsme, ces programmes se sont maintenus jusqu'aux années 1960, quand le ministère s'avisa qu'il fallait moderniser cet enseignement. Pour les européanistes qui convoitaient et minaient le pouvoir gaullien, on devait en finir avec cette vieille carte de France couvrant toujours un mur dans les salles de classe – et où Saint-Étienne était signalé dans un caractère supérieur à celui de Toulouse, aciéries obligent.

Que reste-t-il aux Stéphanois d'aujourd'hui, sinon leurs yeux pour pleurer ? Où sont aujourd'hui les aciéries stéphanoises ? Dans le même trou noir que la coulée industrielle de la Moselle. L'acier s'est déplacé au nord, dans cette « banane bleue[1] » qui, sur les livres de collège, s'étirait de Londres à Milan, désignant l'Europe qui bosse et, par voie de conséquence, l'Europe du farniente – au sud. Les manuels ont ancré dans les jeunes cervelles l'idée qu'une grosse moitié de la France, et la totalité de l'Espagne, de l'Italie et de la Grèce sont les aires de vacances des bons Européens du Nord – qui bossent, eux. Non seulement l'euro a servi à payer la réunion des deux Allemagnes, mais il a entériné l'idée que les industries sont outre-Rhin et les cubis de rosé au sud. D'où le fait qu'Angela Merkel ait été favorable à une importation massive d'immigrés pour faire fonctionner les usines d'un pays vieillissant.

L'Europe entière profite et pâtit de l'égoïsme allemand. Les Européens français les plus convaincus – François Bayrou par exemple – se déclarent favorables à un renforcement de l'immigration, alors que nous sommes désormais incapables d'intégrer les immigrés qui sont

1. Terme médiatique parfois employé dans les années 1990 pour désigner la dorsale européenne, à la suite d'une étude statistique de Roger Brunet sur les villes européennes, produite pour la Datar en 1989. L'étude isolait un arc de villes de premier ordre économique reliant l'Angleterre, la vallée du Rhin et l'Italie du Nord. La cartographie de cette zone arquée, d'abord en rose, puis reproduite en bleu dans un journal, a donné ensuite lieu à l'image de la « banane bleue », popularisée par les milieux politiques et médiatiques, notamment le ministre de l'Aménagement du territoire de l'époque, Jacques Chérèque.

déjà là et que nous avons indécemment parqués dans des ghettos sociaux et des ghettos scolaires.

À l'élargissement des programmes à l'Europe a succédé un élargissement au monde, dans la perspective d'une mondialisation qui se dessinait vite. La France a disparu dans ces considérations mondialistes. Quand on caractérise un pays par son PNB et non plus par sa culture, c'est qu'il est en train d'éclater.

Quant à ressortir des placards ces vieilles cartes de l'Afrique où était signalée l'AOF – l'Afrique-Occidentale française – et l'Afrique du Nord qui ne l'était pas moins, n'en parlons même pas. Ce ne serait pas inutile pourtant, non par nostalgie, mais pour montrer que la langue française couvrait autant d'espace que la langue anglaise qui s'emploie à la remplacer.

Cet holocauste des héros n'est pas anecdotique. Un héros est à la fois la synthèse des qualités d'un peuple et le modèle que l'on entend donner à ce peuple. Le récit héroïque génère dans les cervelles enfantines une *mimesis* essentielle. Ceux qui ont étudié l'*Iliade* et les relations d'Achille et de Patrocle sont mieux disposés envers les homosexuels que les enfants captifs d'une conférence organisée par le *Gai Pied*. Ceux qui savent que Léonidas dirigeait les trois cents Spartiates qui résistèrent pendant trois jours aux cent vingt mille soldats de l'armée perse dans le défilé des Thermopyles se construisent un autre destin que ceux qui croient que c'est une marque de chocolats belges. Le héros est un modèle – et le mythe de Léonidas a permis à trois cents Américains réfugiés à Alamo de résister trois jours à l'armée du dictateur mexicain Santa Anna. Il a permis à soixante légionnaires français de résister à deux mille Mexicains à Camerone.

Il a alimenté la résistance du général Koenig et d'une poignée de fantassins français pendant la bataille de Bir Hakeim, de fin mai à début juin 1942. Qui en parle encore aux enfants ?

C'est justement ce côté guerrier que les européanistes voulaient éradiquer. Au même moment, Giscard fit réorchestrer *La Marseillaise* sur un tempo d'enterrement, et les écolos demandent toujours la modification des paroles de l'hymne national : ces histoires de « sang impur » leur paraissent d'un autre âge. L'Europe n'est que paix et entente cordiale, nous le voyons chaque jour.

Par quoi a-t-on remplacé le héros ? Par son contraire, qui est la victime. Les faiseurs de programmes, en une quinzaine d'années, sous la pression de groupes qui avaient chacun leur agenda, ont mis en avant une histoire des vaincus, des colonisés, des esclaves. Au lieu de fabriquer de l'enthousiasme, on a construit du ressentiment, de la frustration, de la culpabilité. Tous descendants d'esclavagistes ou d'anciens opprimés ! La sortie scolaire consistera désormais à parcourir les rues de Nantes pour repérer sur les écussons couronnant les portes des hôtels particuliers ces têtes de nègres, comme on disait alors, qui rappellent que la bâtisse fut construite avec l'argent de la traite. Et couvrez-vous la tête de cendres...

Une nation qui en arrive à raconter son histoire du strict point de vue des vaincus est bien malade. Parce qu'elle fabrique de la culpabilité et de la haine. Comment voulez-vous que l'on ait encore envie d'être et *a fortiori* de devenir français ?

En revanche, et dans la perspective multiculturaliste née du regroupement familial et de l'arrivée massive d'immigrés, la dissolution de la chronologie dans des études par thèmes permet à chacun de revendiquer sa part de ressentiment.

Mai 68 servit de détonateur pour ce révisionnisme historique. Ceux qui aujourd'hui croient nécessaire de faire porter la charge des réformes aux étudiants de Nanterre et de la Sorbonne devraient réfléchir au fait qu'en juin 1968 les élections donnèrent au parti au pouvoir l'une de ces « Chambres introuvables » qui, depuis la Restauration, sont de temps à autre le fruit ahurissant de notre conception de la démocratie – et dont la prédominance de LREM à l'Assemblée en 2017 n'est que le dernier exemple. Ce sont des ministres de droite, Edgar Faure – qui avait tout compris – avant Olivier Guichard – qui n'y comprenait pas grand-chose –, qui ont décrété que l'histoire et la géographie seraient désormais des « disciplines d'éveil » et s'enseigneraient par « thèmes » – toujours les mêmes... L'ancrage à gauche de la très grande majorité des enseignants favorisa cette révolution. Ce que la gauche avait perdu dans les urnes, elle le rattrapa dans les réformes de l'Éducation. C'était pain bénit – si je puis ainsi m'exprimer – pour les gauchistes rose pâle venus des Jeunesses ouvrières chrétiennes.

Le seul sursaut survint entre 1983 et 1985, sous le ministère Chevènement – mais il était déjà trop tard, les mauvaises habitudes s'étaient implantées et, puissamment soutenues par les pédagogues, elles triomphèrent des bonnes intentions du ministre.

En clair, on cessa d'apprendre l'histoire selon un fil chronologique contraignant. On cessa de seriner les exploits de la Pucelle ou du chevalier « sans peur et sans reproche ». On élargit la perspective à l'Europe puis au monde, en histoire comme en géographie ; on s'intéressa à l'histoire locale, avec les meilleures intentions ; on cessa d'apprendre par cœur les résumés qui ancraient les hauts faits dans la tête des enfants ; et on recourut massivement aux « documents », bonne occasion de faire parler pour ne rien dire des gosses dont on voulait faire les émules de l'école des Annales de Marc Bloch. Comme en français, où l'on avait importé des problématiques linguistiques qui faisaient merveille à bac + 8, on initia les marmots à des considérations historiques qui supposaient, en amont, une connaissance fine des faits et de la chronologie qu'on renonça à leur inculquer – et que la plupart des « professeurs des écoles » actuels ignorent complètement.

En revanche, on intéressa les élèves du primaire en leur narrant, sorties scolaires à l'appui, le mode de vie de Neandertal et de Cro-Magnon. Parler de la Préhistoire – chaque année – évitait d'avoir à parler de l'Histoire. C'est un autre mythe de la caverne que celui de Platon. Et puis cela permet d'évoquer les racines africaines de l'humanité…

Évoquer la géographie humaine – et c'est alors que la sociologie est venue s'insérer dans l'enseignement de la géographie – permettait d'en finir avec l'enseignement (stérile, forcément stérile) des fleuves ou des départements français. La France n'était plus une histoire continue ni une géographie précise, un Hexagone durement conquis. Apprendre par cœur le nom des préfectures est stérile, paraît-il. Pourtant, c'était une façon de revivifier sans cesse l'héritage de la Révolution, qui a créé les départements et leurs chefs-lieux.

On avait évité, après la Libération, de commenter les événements encore frais de 39-45 – tout comme on ne disait rien des guerres d'Indochine ou d'Algérie.

Par pudeur (pour avoir été en classe avec de nombreux rapatriés, je peux dire que c'était une sage décision) plus que par occultation, et surtout parce que l'Histoire se démêle lentement de l'actualité. Un dirigeant maoïste, interrogé dans les années 1960 sur ce qu'il fallait penser de la Révolution française, eut cette phrase significative : « Il est un peu tôt pour le dire » – presque deux siècles après les faits. Alors au lendemain des accords d'Évian, évoquer la bataille d'Alger eût été suicidaire et peu effectif.

Ajoutez à cela la diminution de trois heures de la semaine de classe, en 1969 justement : on libéra le samedi après-midi, comme plus tard, sous Darcos, on libéra le samedi matin : le culte du week-end se substituait à celui du savoir.

Il ne faut pas minimiser la participation de groupes de pression de plus en plus nombreux à l'élaboration de programmes qui dépendaient autrefois de la seule Inspection générale. C'est ainsi que la Shoah, quelle que soit son importance, fut invitée presque dans chaque niveau d'enseignement – une répétition qui, dans les faits, a généré un antisémitisme forcené, dans la mesure où elle est tombée sur des populations immigrées qui, comme l'a très bien résumé Georges Bensoussan, tétaient l'antisémitisme avec le lait de leur mère. Et le droit à l'expression sanctuarisé par la loi Jospin (1989) permet désormais d'entendre de belles horreurs dans les cours d'histoire.

C'est ainsi que l'histoire de la traite atlantique (mais pas celle de la traite saharienne, un hasard certainement, un oubli malencontreux) devint une étape nécessaire de la formation, surtout après le vote de la loi Taubira en 2001.

L'histoire de France réduite au trafic triangulaire, Colbert voué aux gémonies, Voltaire accusé par des imbéciles d'en avoir profité, Montesquieu coupable d'utiliser le mot « nègre »... Il allait falloir vider le Panthéon pour faire de la place aux nouvelles divinités – heureusement que Schœlcher y était déjà, Mitterrand avait déposé une rose sur sa tombe lors de son intronisation en 1981. Et du long règne glorieux de Napoléon, on choisit de ne rappeler que sa réinstitution de l'esclavage – au point de décapiter la statue de son épouse à Fort-de-France. Toute histoire réécrite engendre un révisionnisme.

C'est que les instituteurs venaient de moins en moins des cursus de lettres-histoire-sciences et de plus en plus de socio-psycho et autres disciplines indispensables à la compréhension du monde contemporain... Quand on doit enseigner ce que l'on ne connaît pas, on se rabat sur ce que l'on croit connaître.

Le problème est que le héros proposait une transcendance. « Mourir pour le pays est un si digne sort / Qu'on briguerait en foule une si belle mort », écrivait Corneille dans *Horace*, la pièce qui, après *Le Cid*, exalte le mieux le héros. Mais *Le Cid* s'étudie de moins en moins – on y tue trop de Maures.

Privés de transcendance, les jeunes gens se sont réfugiés là où ils en trouvaient encore une. Plus de héros ici – alors on y importe Mahomet, qui fut un chef de guerre impitoyable, un tueur sans pitié, mais qu'importe aux enfants ? La disparition du héros a créé un vide dans lequel se glissent des récits de substitution. Parce que la fiction est essentielle dans la formation.

Aux héros puissamment individualisés, on a substitué, dans une application naïve du marxisme, les héros collectifs – comme si les pays marxistes ne s'étaient pas construits sur des récits héroïques. Et comme il n'y a paraît-il plus de prolétariat en France, les profs d'histoire de gauche exaltent les Palestiniens, dont tout le monde sait qu'ils sont des victimes : chassez le manichéisme de vos cours, il rentre par la fenêtre. La gauche (plus spécifiquement la Fondation Jean-Jaurès) a cru trouver dans ce nouveau prolétariat d'origine immigrée le réservoir de voix qui lui manque pour revenir au pouvoir. Au roman national, nos idéologues substituent un roman international. À ceci près que ça ne marche pas, électoralement parlant. Mais c'est une autre histoire.

Faut-il ressusciter le roman national – ou le récit du même nom ? Ou en rester à une Histoire fragmentée et nécessairement fragmentaire, où aucune solution de continuité n'apparaît et où les enfants peinent à se repérer, dans une matière désormais pleine de trous ?

Le « roman » – et je le dis quitte à faire hurler les historiens – a l'avantage de proposer une *mimesis* essentielle. De la même façon que vous n'apprenez pas tout de suite à vos enfants la façon dont papa et maman ont joué à la bête à deux dos, comme dit Rabelais, pour les engendrer, mais que vous leur racontez des histoires de choux, de roses et de cigognes, ce qui ne les gênera en rien, plus tard, pour vivre une sexualité épanouie, on peut très bien en rester, à six ou huit ans, à des récits fondateurs. On apprenait aux petits Romains l'histoire fabuleuse de Romulus et Remus – alors même que les historiens latins savaient bien que c'était des contes ; mais la louve restait l'emblème des légions. Enseigner aux petits Allemands que Siegfried a combattu le dragon leur permet, plus tard, d'assimiler le fait que les écailles dudit dragon étaient les boucliers des légions romaines conduites par Varus et exterminées par Arminius (Hermann le Chérusque) à la bataille de Teutobourg, en l'an 9 après J.-C. Croyez-vous que les pédagogues allemands aient fait détruire le Hermannsdenkmal édifié dans la forêt de Teutberg ?

Chaque grande nation a ses mythes fondateurs – sauf désormais la France, parce qu'on ne veut plus qu'elle fasse nation, que des crétins formés par des générations d'imbéciles prétendent détruire les statues de Colbert partout où ils en trouvent, et que la bataille de Poitiers en 732, qui sauva le pays d'une invasion arabe, n'apparaît pas plus dans les programmes que celle de Lépante. La France a disparu et l'Europe est en mode *open*.

Valérie Pécresse a déclaré, peu après son entrée en campagne, que l'une des premières mesures (largement symbolique) de son quinquennat, si elle était élue, serait d'instaurer, le 10 novembre (sans doute parce que c'est la veille du 11, qui reste fête nationale), un « jour des héros qui ont fait la France ». Oui – mais lesquels ?

L'idée n'est pas sans évoquer cette remarquable série de livres d'histoire, parue jadis chez Gallimard, sur les « trente journées qui ont fait la France ». Pourquoi trente, pourquoi celles-là ? En 1995, François Bayrou, ministre de l'Éducation, avait fait paraître des programmes pour l'école élémentaire qui distinguaient nommément vingt-deux figures historiques[1], une liste que Claude

1. Dans l'ordre chronologique : Jules César, Vercingétorix, Clovis, Charlemagne, Hugues Capet, Saint Louis, Jeanne d'Arc, Christophe Colomb, François Ier, Jacques Cartier, Léonard de Vinci, Henri IV, Molière, Colbert, Louis XIV, Napoléon,

Allègre retoucha à peine quand il fut à son tour ministre. N'ayant su choisir entre Danton et Robespierre, les deux ministres ne citèrent ni l'un ni l'autre. Le « héros » ne se contente pas d'être une figure historique, il faut qu'il soit exemplaire. Et ni les massacres de Septembre ni la Terreur ne sont bien recommandables aux chères têtes blondes. Quant aux têtes brunes, on cherche en vain, dirent certains commentateurs agacés, à quel personnage étudié ils pourraient bien s'identifier. Déjà que les enseignants les plus timorés contournent le Cid, dont le célèbre combat contre les Maures pourrait être mal interprété…

Je suis assez vieux pour me rappeler que l'école élémentaire, « de mon temps », exaltait bien d'autres figures, Jeanne Hachette, le Grand Ferré – ou le général Bugeaud. L'Histoire n'était pas survolée comme elle l'est aujourd'hui, elle ne prétendait pas embrasser l'univers, elle se concentrait sur la France et reprenait les enseignements du Mallet-Isaac, le manuel d'histoire de nos grands-parents. Mais nous sommes aujourd'hui en plein révisionnisme, et les dictionnaires, qui s'empressent de faire figurer des pronoms personnels inventés par la bien-pensance, éliminent chaque année des dizaines

---

Victor Hugo, Jules Ferry, Pasteur, Marie Curie, Charles de Gaulle, Jean Moulin. On a assez vite reproché à cette liste la rareté des personnages féminins… Sans compter (mais ce n'est pas ce que l'on enseigne en classe) qu'il n'y a qu'un seul gay reconnu (Vinci) et un seul bi officiel (Jules César, « l'homme de toutes les femmes et la femme de tous les maris », disait ce persifleur de Suétone). Et pas un seul « racisé », pour parler comme les racistes de gauche. Enfin, sur le plan religieux, la liste fleure bon le catholicisme triomphant.

de noms propres pour insérer dans leurs colonnes des contemporains que l'actualité a soudain portés au pinacle. Rama Yade se dit choquée par Colbert, on veut supprimer sa statue, sans doute finira-t-on par l'éliminer tout à fait, au nom d'une *damnatio memoriae* imposée par des groupes radicaux aussi minoritaires que tonitruants.

Chacun refera à loisir sa propre liste. Les Corses intégreront Pascal Paoli, les Bretons le marquis de Pontcallec ou Georges Cadoudal, les Vendéens revendiqueront La Rochejaquelein. Chacun voit l'héroïsme à sa porte. Deux écrivains en tout et pour tout, dans un pays où chacun se croit romancier ou mémorialiste, est-ce suffisant ? Un seul étranger (Vinci) dans une France actuellement dissoute dans l'Europe, est-ce bien sérieux ?

On mesure la difficulté d'écrire des programmes – d'autant que les « professeurs des écoles » recrutés aujourd'hui ne savent souvent rien de la plupart de ces « grands hommes » et contestent l'appellation elle-même. La géographie a suivi la même pente mondialiste : c'en est fini des grands fleuves français ou des massifs montagneux. On préfère étudier une obscure peuplade africaine plutôt que la Gaule gallo-romaine.

Il faudrait dire une fois pour toutes : « Étudiez toute l'histoire de France. Accrochez-vous au fil conducteur du récit national. » Et si ce récit tire vers le roman, quelle importance ? Avoir appris précocement que Charles Martel arrêta les Arabes à Poitiers ne m'a pas empêché, plus tard, de réviser mon savoir parcellaire et de relativiser le poids d'une victoire qui s'est opérée à une date incertaine pour un bénéfice très relatif, puisque lesdits Arabes campèrent encore quelques siècles dans le sud de la France et montèrent même jusqu'en Bourgogne – où ils s'établirent vignerons, preuve que le bon sens finit toujours par l'emporter, surtout quand on l'arrose à la romanée-conti.

Un jour de célébration des héros ne suffit pas pour exalter tous ceux qui bâtirent la France en l'arrosant de leur sueur et de leur sang. Mais le problème, outre la mauvaise volonté des enseignants qui croient au « caporalisme » dès qu'on leur suggère d'apprendre quelque chose aux enfants, réside dans une époque où chacun, parce qu'il prend de lui-même des selfies arrogants, se croit héros aussi bien que les autres – surtout s'il arrose son McDo au Coca et le rote au visage de ceux qui veulent lui enseigner l'humilité et la décence.

Un dernier point, et non des moindres. L'Europe a deux racines : un axe judéo-chrétien et, antérieurement, un axe gréco-latin. L'héritage religieux, malgré le « blanc manteau de cathédrales » qui couvre notre pays, est de plus en plus négligé. Quant à l'héritage gréco-latin, il disparaît : une politique habile interdit désormais d'étudier en même temps le latin et le grec ; et, malgré une demande qui est restée forte, les cours de latin ressemblent de plus en plus à des survols impressionnistes d'une civilisation coupée de son langage[1]. Les langues anciennes apprennent la rigueur syntaxique. Elles justifient la morphologie française, notre langue venant directement de cet héritage. Mais dans le grand mouvement antichronologique, on fait table rase du passé.

1. Sur ce sujet, lire particulièrement *Le Bûcher des humanités* de Michèle Gally, Armand Colin, 2006.

La fin de l'Histoire

Nous devrions nous méfier. Quand l'Histoire disparaît, n'importe quelle idéologie de substitution peut se glisser à sa place.

Seconde partie

VERS UNE RÉVOLUTION SCOLAIRE

13

Égalitarisme contre élitisme, élitisme contre je-m'en-foutisme

Les années 1970 auront été décisives pour l'École. Le collège unique, le regroupement familial, des programmes revus partout à la baisse, l'histoire-géographie devenue matière d'« éveil » et la baisse de l'horaire obligatoire, cela ne suffisait pas. On inventa la « massification », corollaire du collège unique qui interdisait désormais les classes de niveau, où l'on regroupait les élèves en fonction de leurs capacités. Il faut bien avouer que l'idée que les meilleurs tirent vers le haut les plus faibles a fait long feu. Et pour sanctifier ce *melting pot* pédagogique, on instaura un égalitarisme forcé.

Un phénomène parallèle se fit alors jour à l'université. Nombre d'enseignants qui savaient bien qu'ils ne brilleraient jamais dans leur discipline glissèrent vers la didactique de cette discipline. Vous êtes « philosophe » (ainsi appelle-t-on en France, très abusivement, les profs de philo), vous savez que vous n'êtes pas Kant et que vous ne serez jamais Alexis Philonenko, sans doute l'un de ses plus brillants commentateurs : il vous est encore possible de devenir didacticien de la philosophie – ou comment enseigner ce que vous ne maîtrisez que de façon médiocre. Il en fut de même en lettres, en maths, en langues, en histoire. On créa, pour satisfaire la demande, une foule de postes de pédagogie qui grevèrent lourdement les capacités de renouvellement des autres disciplines.

À la source de ce mouvement réside une haine de l'élitisme. Les pédagogues sont, en très grande majorité, des gens qui ont échoué aux divers concours qui jalonnent la carrière, de l'entrée à l'ENS à l'agrégation : Philippe Meirieu ne s'en est jamais bien remis. Ils se sont rabattus sur des « recherches » parées d'une aura scientifique usurpée.

Ils nourrissent donc une grande méfiance pour les gens trop doués. La médiocrité – au sens du « *meden agan* » delphien : rien de trop – est leur tasse de thé. Il fallait donc nécessairement baisser la barre, et cette métaphore empruntée au saut en hauteur fait pleinement sens car c'est par l'éducation physique et sportive (EPS) que le pédagogisme est entré à l'école.

Tous ceux dont les dispositions à l'envie et à la jalousie l'emportent sur leur propension à admirer comprendront mon propos. Il y a, pour un sous-doué du muscle, quelque chose d'insultant dans la facilité avec laquelle un camarade de classe saute 1,80 mètre en troisième ou court, à la même époque, le 80 mètres en 9 secondes. Les anciens classements de l'EPS se fondaient sur la performance – antiégalitaire par essence. On changea cela en appréciant désormais la cohérence entre le *projet* de l'élève et sa réalisation : j'envisage de sauter 80 centimètres en hauteur et j'y parviens, j'ai 20. J'envisage de sauter 1,80 mètre et je ne dépasse pas, ce jour-là, 1,75 mètre, je suis admonesté sérieusement. La médiocrité – au sens moderne cette fois – s'est ainsi mise en place. Ce n'est plus la quantité qui fait la qualité, c'est le minimum.

J'écris ces lignes pendant que des athlètes magnifiques disputent les Jeux olympiques au Japon. Un Italien remporte le 100 mètres (et remportera le 4 × 100 mètres avec son équipe), un autre est médaille d'or en hauteur. Et trois Suissesses se placent aux trois premières places du cyclisme de cross-country. Quant aux Allemands ou aux Anglais, ils opèrent leur rafle habituelle.

La France, en athlétisme, est très loin. Elle est désormais impuissante – non seulement face aux grandes nations de la spécialité que sont les États-Unis ou la Jamaïque, mais face à ses voisins européens. Sans doute notre pays a-t-il un peu trop fait sienne la devise fameuse de Coubertin : « L'important c'est de participer. » De loin.

Non. L'important, c'est d'être le meilleur. D'aller tout au bout de ses forces. De se transcender. De dompter la souffrance. Et de passer la ligne le premier.

Rappelons que les athlètes français tutoyèrent longtemps l'excellence. Sans remonter à Jules Ladoumègue, on se rappelle avec émotion les performances de Michel Jazy, de Roger Bambuck, de Colette Besson ou de Marie-José Pérec. C'est du passé : la médiocrité a gagné l'élite.

Ce n'est pas moi qui l'affirme, mais Kevin Mayer, qui malgré un lumbago tenace a remporté l'argent dans l'épreuve la plus belle et la plus inhumaine des Jeux, le décathlon – comme à Rio en 2016. Interviewé par LePoint.fr, il affirme : « Il faudrait ramener la notion de compétition sportive à l'école, la compétition dans son sens noble : dépassement de soi, fair-play, entraide, etc. Au lieu de ça, on fait tout pour éviter de trop mettre les enfants en compétition. Je ne pense pas que ce soit la solution. » Et de citer l'exemple américain.

Mayer n'est pas le seul à tacler le système scolaire français. Lorsque Jean-Michel Blanquer, au plus fort de l'été 2021, a cru bon de tweeter (est-ce vraiment le bon mode de communication ministériel ?) : « Le succès de nos équipes illustre la qualité de l'enseignement de ces sports à l'école », il s'est fait reprendre de volée par Gérard Vincent, goal de hand, et par Vincent Poirier, basketteur des Bleus. Quant au rugbyman Maxime Mermoz, il a abandonné le registre ironique et a rugi : « Une honte. Ils ne font rien pour le sport et à l'école, c'est comme la musique… histoire de dire : on fait… Aucun moyen ! Ce mec n'a pas honte. » Et de reprendre : « Vous n'avez pas honte ??? Le sport à l'école ? On en fait au minimum à l'école ! Heureusement que des passionnés sont là en club !!! Des bénévoles qui donnent tout pour nos jeunes !! Quels sont les moyens donnés au sport scolaire pour faire des champions de demain ? »

Ce n'est pas une simple question de moyens (quoique… combien de piscines dans les lycées français, combien dans les lycées américains ?). C'est une question d'idéologie – et cette fois, Blanquer n'y est pour rien ; il a hérité d'un système pourri jusqu'au trognon : l'excellence est réprouvée, la médiocrité encouragée.

Ce qui est vrai du sport l'est aussi dans les autres matières. Le génie est proscrit, le talent est suspect. Et cette mentalité de médiocrité généralisée a fini par atteindre les élèves, dont l'insulte courante, pour désigner les forts en thème, consiste à les traiter d'« intellos ».

Singulier pays que le nôtre, où l'on a gardé la mémoire des intellectuels qui, depuis Zola (rappelons que le mot « intellectuel » fut mis à la mode par les antidreyfusards), ont bâti avec talent une conscience à ce pays, mais où l'on dénigre volontiers ceux qui pensent *citius, altius, fortius* – plus vite, plus haut, plus fort.

Cette médiocrité inscrite dans les mœurs scolaires a fini par éclabousser le pays tout entier. N'importe quelle racaille, parce qu'elle hante un réseau social où l'anonymat lui est garanti, est prête à menacer de mort une jeune fille qui dit de l'islam ce qu'elle en pense. Nombre d'élèves ont refusé de faire silence lors de la minute en mémoire des journalistes de *Charlie Hebdo* massacrés par des fanatiques[1]. Et il s'est trouvé trop d'enseignants pour condamner, dans leur barbe, celui d'entre eux qui, prenant le risque d'expliquer la liberté d'expression, a succombé sous le couteau d'un assassin.

« C'est votre avis, ce n'est pas le mien » : ce que la médiocrité recommandée a produit de plus affligeant, c'est cette phrase jetée cent fois à la tête d'un enseignant qui parle de Darwin, de Voltaire, de la guerre d'Algérie ou des conflits palestino-israéliens – liste non close. « C'est

1. La commission d'enquête sénatoriale qui s'est penchée sur la question note : « À partir des documents obtenus auprès du ministère, ainsi que des informations obtenues à l'occasion de ses déplacements, la commission d'enquête a eu connaissance d'au moins quatre cents incidents survenus à l'occasion ou à la suite de la minute de silence du 8 janvier. » (www.senat.fr/rap/r14-590-1/r14-590-12.html)

votre avis, ce n'est pas le mien » : cela marque la perte de toute hiérarchie dans les savoirs. La loi Jospin, en recommandant de privilégier la parole de l'élève, désormais doué d'un *droit* à l'expression qui a remplacé l'ancien *devoir* de se taire, a produit non seulement la première affaire de voiles islamiques, mais une contestation diffuse et confuse qui éclate en imprécations dès que l'on aborde un quelconque sujet qui ne fait pas l'unanimité.

À noter qu'il n'y a pas que sur des questions religieuses que des imbéciles croient utile de ramener leur science. Les questions « sociétales », traitées désormais selon les convictions de quelques illuminés, leur ont emboîté le pas. Un mien collègue, professeur de sciences économiques et sociales, prévint ainsi les élèves que nous partagions, en début d'année scolaire 2020-2021, qu'ils avaient parfaitement le droit de se lever et de quitter mon cours si d'aventure je proférais quoi que ce soit qui heurtât leurs certitudes. Mais aussi provocateur que je puisse être en classe, personne n'est jamais parti se réfugier dans un *safe space*, comme on dit dans les universités américaines où les frileux de l'intellect, les adeptes de la pensée *woke* (et on mesure bien à quel point « intellect » et « pensée » sont des hyperboles en ce qui les concerne) courent se mettre à l'abri de toute pensée non conforme à leurs convictions, aussi illuminées ou déraisonnables soient-elles.

Le bac – je vais y revenir – à 96 % de réussite est l'une des meilleures illustrations de cette défaite de la pensée. Non seulement on donne la moyenne – sur ordre – à des élèves qui n'auraient pas mérité d'entrer en seconde, mais on distribue des mentions « très bien » à des malheureux qui sont arrivés à surnager un peu au-dessus des vagues.

Je dis « malheureux » car le réel leur revient au visage dès qu'ils entreprennent des cursus un peu exigeants. Mais c'est pour eux que l'on a inventé Uber Eats, qui a besoin de jeunes gens pour pédaler – sur des vélos électriques, c'est quand même moins fatigant que de mépriser son mal de dos pour sauter 2,08 mètres en hauteur, comme Kevin Mayer à Tokyo. Car les valeurs d'effort, de travail et de dépassement de soi sont devenues obsolètes. Aux Jeux olympiques des pédagos, les concurrents partiraient en se donnant la main et se hâteraient lentement, comme la tortue de la fable ou comme les escargots de Prévert allant à l'enterrement d'une feuille morte, afin de passer la ligne tous ensemble. Et chacun recevrait une médaille en chocolat.

Tous égaux, tous zéros. C'est le constat malheureux que l'on est bien obligé de poser quand on voit de quoi se contentent les élèves – et, partant, les profs qui les notent. L'égalitarisme a non seulement tué l'élitisme – tel que l'avait conçu Condorcet en 1792 –, il a encouragé la misère intellectuelle. La vraie baisse de niveau procède de cette baisse des exigences. On admire un élève qui ne fait plus de fautes – alors que ce devrait être une exigence de base. On célèbre un enfant qui lit couramment à six ans – alors que ce devrait être la règle et que les défaillances précoces en lecture engendrent des échecs massifs quinze ans plus tard. On applaudit un gosse capable de faire une soustraction de tête sans recourir à la calculette de son portable – comme si son cerveau lui était fourni par Apple ou Samsung. Nous avons tellement baissé la barre qu'elle est désormais au ras des pâquerettes. Et nous persistons à distribuer des médailles en chocolat

– le brevet ou le bac, par exemple – à des culs-de-jatte du cerveau, atrophiés par nos soins – et sur ordre.

C'est d'autant plus sidérant que les enfants sont *naturellement* portés à la compétition. Il n'y a qu'à les voir jouer au foot pendant les récréations – une activité qui bientôt ne sera plus possible, quand les édiles, tel le maire de Grenoble, auront fait labourer les cours d'école afin d'empêcher ces jeux par trop virils. Les enfants veulent des héros, des idoles, des hommes illustres. Mais le pédagogisme, nous l'avons vu, est une antinature. Il hait La Fontaine et il hait les héros. Il hait les classes préparatoires qu'il n'a pas fréquentées, les grandes écoles où il n'est pas allé, les concours où il a échoué. Son égalitarisme repose sur la confusion entre équité et égalité. Et quand il arrive au pouvoir, il invente un ministère de la Réussite scolaire – la capacité de tous à sauter 80 centimètres. Et supprime la notation chiffrée qui l'a certainement traumatisé un jour. La médiocrité triomphante installe les siens au pouvoir – et la boucle est bouclée[1].

1. La haine de l'élitisme dans le domaine sportif a récemment atteint des sommets. En décembre 2021, Jean-Michel Blanquer a nommé Olivier Girault à la tête de l'Union nationale du sport scolaire (UNSS). C'est un ancien international d'handball, discipline où la France brille particulièrement depuis au moins deux décennies. Les pédagogues professionnels s'en sont émus, *via* le Café Pédagogique, qui regrette cette nomination en lieu et place du professeur d'EPS désigné par ses pairs en fonction de ses aptitudes pédagogiques – car ainsi va la cooptation.

14

Formation des maîtres et enseignement de l'ignorance

Dans *L'Enseignement de l'ignorance* (2002), Jean-Claude Michéa a montré avec brio que la révolution opérée par la réforme Jospin de 1989, et plus généralement par les diktats des pédagogues, correspondait à un projet politique : pour vider soigneusement de toute culture les cervelles des futurs prolétaires du néolibéralisme, il convenait de former des enseignants à la rude tâche de ne rien transmettre – sinon du vide.

L'évolution des structures de formation révèle le projet qui sous-tend l'effondrement du niveau (c'est le symptôme) et la déconstruction de toute culture, préludes nécessaires à un nivellement par le bas des conditions de vie et de travail. Les enseignants formés depuis 1991 dans les IUFM, puis dans les ESPE et aujourd'hui les INESPE[1], ont désormais pour mission, afin

1. Respectivement Institut universitaire de formation des maîtres, École supérieure du professorat et de l'éducation, Institut national supérieur du professorat et de l'éducation. On change le nom du

de favoriser l'épanouissement de l'élève, de le maintenir dans une sainte ignorance qui fera les affaires de ceux qui font des affaires.

Dans des temps très anciens existaient les « écoles normales d'instituteurs ». Contrairement à une idée reçue, elles n'ont pas été créées, en France, par la IIIe République, mais par le gouvernement de Louis-Philippe. Elles sont généralisées par les lois Ferry et portées spécifiquement par Paul Bert dès 1878. L'un des soucis est d'égaliser le nombre d'établissements réservés aux hommes et aux femmes : l'égalité face au travail est passée entre autres par les écoles normales. En 1905, fin de l'obligation d'un enseignement religieux : c'est le moment que choisit Péguy pour évoquer ces « hussards noirs de la République » que sont les nouveaux bataillons de maîtres et de maîtresses chargés de promouvoir la République.

Qui sont ces maîtres ? Ils sont recrutés avec un certificat d'études en poche (plus tard le brevet élémentaire), après un cursus vécu essentiellement au sein des cours complémentaires et des écoles primaires supérieures. En trois ans, les écoles normales forment des instituteurs avec un niveau d'études équivalant au baccalauréat, lequel à l'époque ne se passe que dans les lycées.

Ces antres de l'idéologie républicaine, supprimés en 1941, sont rétablis en 1945. On recrute alors dans les « troisièmes spéciales » des cours complémentaires, qui préparent les élèves au concours d'entrée, très difficile. La troisième année prépare les futurs instituteurs au baccalauréat. En quatrième année, ils passent enfin le

---

produit, mais c'est toujours la même lessive, la même machine à décérébrer.

certificat de fin d'études normales, qui fait d'eux des instituteurs stagiaires. Ce n'est qu'après un trimestre d'exercice en classe et une inspection sévère qu'ils sont enfin admis au certificat d'aptitude pédagogique. Les plus motivés préparent alors le concours d'entrée aux écoles normales supérieures de Saint-Cloud (pour les garçons) et de Fontenay-aux-Roses (pour les filles), qui leur permettront d'accéder aux fonctions de professeur de collège, directeur d'école primaire ou inspecteur primaire.

Parallèlement, ils peuvent s'inscrire en fac de lettres ou de sciences pour parfaire leur formation. De 1957 à 1979 est institué le concours des Ipes (instituts de préparation aux enseignements du second degré) qui, en échange d'un engagement à servir l'État dix ans au moins, assure aux reçus une bourse appréciable pour préparer le Capes, où ils sont dispensés des épreuves écrites. Voire l'agrégation, plus tard.

Quant à l'enseignement des écoles normales, il porte sur les matières enseignées dans le primaire – français, mathématiques, histoire-géographie essentiellement.

Les futurs professeurs de collège et de lycée dépendent, eux, des centres pédagogiques régionaux qui recrutent des licenciés et les amènent en un an au Capes. Ceux de l'enseignement professionnel passent par les Enna (écoles normales nationales d'apprentissage) qui formaient précédemment les professeurs d'enseignement général, d'où seront issus, dans les années 1970, les PEGC, souvent d'anciens instituteurs, nommés en collège et enseignant deux matières. Les professeurs de lycée professionnel sont leurs héritiers directs.

Agrégés et certifiés passent une année de stage « en situation » où, sous la houlette de professeurs expérimentés, ils apprennent à faire classe – un système hérité du compagnonnage. Une inspection formelle sanctionne cette formation, pour éviter de lancer dans le grand bain des enseignants incapables d'enseigner.

Si le système est élitiste et compartimenté, il n'est pas étanche. On peut, à force de travail, passer d'une catégorie à une autre. Mais « élitisme » républicain et « travail » sont des valeurs en récession dans la décennie 1980. La création des IUFM, sur le modèle des *schools of education* américaines, programmée dans la loi Jospin en 1989, vise à unifier toutes ces formations en un seul moule. Le vieux projet du « corps unique de la maternelle à l'université », inscrit dans le plan Langevin-Wallon (du nom des deux députés communistes qui le portèrent en 1945) et toujours soutenu par le SGEN et le SE-Unsa, n'a pas été oublié. La nouvelle dénomination de « professeur des écoles » pour désigner les anciens instituteurs (qui du coup perdent le droit à un logement lié à leur affectation : la hausse sensible des loyers, trente ans plus tard, donne une idée de la perte qu'a représentée cette promotion-là) témoigne de cette volonté d'unification.

Les agrégés continuent de faire cavalier seul, au grand dam des pédagogues des IUFM qui n'ont eu de cesse de les faire passer sous les fourches caudines des instituts où ils règnent en les obligeant à passer un master MEEF (métiers de l'éducation), alors même qu'ils sont déjà titulaires d'un master disciplinaire. À noter que ces mêmes pédagogues n'hésitent pas à se faire promouvoir agrégés sur tapis vert, par décision de ministres trop incompétents pour être trop regardants sur la qualité réelle des nouveaux promus.

Le rattachement des IUFM aux universités (loi Fillon en 2005) n'a donné que plus de poids aux pédagogues et autres didacticiens qui faisaient main basse, depuis quinze ans, sur la moitié des postes d'enseignants du supérieur et qui trouvèrent là des débouchés sûrs. Les projets de Darcos et Pécresse, en 2009, pour modifier la formation n'aboutirent qu'à renforcer le pouvoir des pédagogues, déjà infiltrés à tous les étages de l'État profond rue de Grenelle.

Le clivage droite/gauche a éclaté sur la question de la formation des maîtres. Des ministres de droite (Bayrou, Ferry, Fillon et Robien) ont prêté la main à l'infiltration des pédagogistes dans ces instituts. Des personnalités de gauche (rares, mais bien intentionnées) s'y sont opposées : « Si le développement des IUFM se poursuit comme il a commencé, il mènera l'enseignement secondaire à un désastre sans précédent dans son histoire », prévenait ainsi Laurent Schwartz dès 1991. Laurent Lafforgue, médaille Fields, en arrive à évoquer les « Khmers » de l'Éducation. Rien n'y fait.

Dans la presse, en revanche, le clivage s'est maintenu. Les journaux de droite ont tiré à boulets rouges contre une formation jugée inepte, et la presse de gauche (particulièrement *L'Humanité*, *Libération* et *Le Monde*) a ouvert ses colonnes aux défenseurs des IUFM. Il faut attendre 2002 pour que *Le Monde* publie une tribune hostile à ces instituts désormais solidement insérés dans le processus de nivellement de l'École : « Depuis dix ans, la formation initiale des professeurs est dispensée dans des établissements dits "IUFM". On pourrait résumer le bilan de cette expérience dans un consternant triptyque : l'IUFM est inefficace, inutile et parasitaire », écrivent

Fabrice Barthélemy et Antoine Calagué, tous deux agrégés d'histoire.

Trop tard. Les critiques ultérieures, par exemple celles de l'association Sauver les lettres[1], n'y pourront rien : le système a trouvé la formation qu'il cherchait pour former des maîtres qui rendront les élèves « idiots autant qu'il se pourra », comme dit Molière.

Les résistances vinrent surtout de l'intérieur. Rachel Boutonnet, auteur d'un *Journal d'une institutrice clandestine*[2], applique l'inverse de ce qu'elle a entendu préconiser dans les IUFM, obtient des résultats brillants et en fait les frais.

Nés de la loi Jospin, qui faisait de l'élève le constructeur de ses propres savoirs, IUFM, ESPE et INSPE, où se sont perpétués les mêmes formateurs, obligent les aspirants professeurs à remiser leurs ambitions de dispensateurs de savoirs et à partir de ce que l'élève découvre par lui-même. On n'enseigne plus la grammaire de phrase, très normative, mais la grammaire de texte : à l'occasion d'une lecture, on marque une pause sur un élément et on demande collectivement aux élèves ce qu'ils en pensent. Même chose en maths, où, comme le petit Blaise Pascal, ils auront à cœur, à huit ans, de retrouver par eux-mêmes les douze premières propositions d'Euclide... Savoir-faire et savoir-être ont gommé les savoirs.

---

1. Association d'enseignants, majoritairement des professeurs de lettres, créée en mars 2000 à l'occasion de la réforme de la classe de seconde lancée en août 1999. Toutes publications sur : www.sauv.net/
2. Ramsay, 2005.

Un inspecteur s'étonnait récemment de ne pas entendre dans une classe d'élèves sagement studieux le « clapotis » permanent, symbole selon lui d'une pensée en ébullition. Avec de tels défenseurs, la vraie pédagogie n'a pas besoin d'ennemis.

Revenir à une formation des maîtres exigeante apparaît très difficile. Longtemps, on n'a admis au concours d'instituteurs que des étudiants diplômés dans l'une des matières enseignées en primaire. Mais c'est fini, faute de candidats, et un grand nombre d'étudiants de psycho ou de socio trouvent là un débouché à des études à finalité incertaine.

La « pédagogisation » des concours de recrutements, Capes général et agrégation interne, est un autre marqueur de la toute-puissance de la pensée centrale de cet enseignement de l'ignorance : il suffit d'apprendre à apprendre pour savoir apprendre – un acte de foi que dix minutes face à une classe réelle font voler en éclats.

Une régionalisation de la formation et du recrutement serait peut-être une solution, en supprimant le statut qui protège *ad vitam aeternam* les dispensateurs pontifiants de faux savoirs, pourvu que l'on fasse confiance à des maîtres expérimentés sur le terrain et assez maîtres de leur discipline pour la transmettre dans un silence studieux.

15

Mauvais lecteurs

Il n'y a pas que des points négatifs dans l'enquête PIRLS (Programme international de recherche en lecture scolaire, créé en 2001) qui a révélé que les capacités en lecture des petits Français se sont encore effondrées : notre pays, au sein de la CEE, fait quand même mieux que l'île de Malte. Mais c'est tout. Rassurons-nous : pour le moment, l'Égypte est derrière nous dans le classement. J'entends d'ici les « ouf ! » de soulagement.

Premier constat : l'enseignant que je suis n'avait pas besoin d'une enquête internationale pour savoir que ce niveau dégringolait. Je l'ai dit (et je ne suis pas le seul) dès *La Fabrique du crétin* en 2005. « Cassandre ! », m'a-t-on répliqué. Tout connaisseur de la mythologie antique sait que Cassandre a toujours raison. Mais on ne la croit pas, voilà tout.

Pourquoi n'a-t-on rien fait ?

Les syndicats de gauche et les professeurs des écoles incriminent aujourd'hui les programmes de 2008 et attendent fiévreusement les résultats qui, dans cinq ans, sanctionneront ceux de 2016, dont ils prévoient bien sûr des merveilles. Mais un programme ne fait pas le printemps : tant que l'on n'impose pas aux idéologues qui gèrent les ESPE, ces écoles des maîtres où l'on enseigne les rudiments des superstitions pédagogistes, des manuels alphasyllabiques ; tant que l'on n'obligera pas les éditeurs à produire de tels manuels, on ne risque pas d'avoir des résultats en hausse.

À noter – et je l'ai déjà dit ici – que ces manuels existent : par exemple ceux publiés par le Grip, ou *Lire avec Léo et Léa*. Mais ils sont diffusés par des militants qui prennent sur leur temps de sommeil pour tenter de sauver les élèves, pas par les mastodontes qui se sont enrichis depuis trente ans à diffuser des livres dont ils savaient qu'ils étaient mortifères. Et l'on va leur permettre de se gaver à nouveau ? On devrait plutôt les pendre.

Il n'y a donc pas grand-chose à reprocher à Xavier Darcos, sinon d'avoir cédé aux pressions de Bercy qui lui a imposé la semaine de quatre jours pour faire des économies de bouts de chandelles. Comme il n'y a pas grand-chose à reprocher à son prédécesseur, Gilles de Robien, dont Jean-Michel Blanquer fut pendant un temps le directeur de cabinet adjoint : les bonnes intentions de Robien sur la lecture se sont heurtées au mur idéologique de cette foule d'« experts » qui se sont inter-recrutés depuis trente ans sur la base de leur incompétence et de leur aveuglement. Ils occupent aujourd'hui comme hier tous les niveaux hiérarchiques – à commencer par la direction des programmes.

L'étude fine des résultats de l'enquête internationale révèle quelques secrets de polichinelle. L'écart entre garçons et filles se creuse ? Bien sûr : à ne pas vouloir mettre les élèves au travail, on a sacrifié trois générations de garçons, pour lesquels « intellos » est une injure rédhibitoire. Et l'intello, sachez-le, c'est celui qui lit à la récré. C'est celui qui répond en classe aux questions de la maîtresse. C'est celui qui n'est pas accroché à sa console. J'ai expliqué tout cela : à vouloir traiter tout le monde de la même façon, l'école sacrifie le sexe dit fort. Qui s'en est soucié ? Il n'y a décidément pas que les éditeurs qu'il faudrait pendre.

Second constat : ce n'est pas seulement en lecture « fine » de textes narratifs que les capacités des enfants s'amenuisent (– 6 %). L'effondrement est bien davantage marqué (– 22 % !) en lecture de textes informatifs. Une recette de cuisine ! Un mode d'emploi d'appareil ménager ! Mais c'est sans doute parce que le gourou des nouvelles pédagogies, Philippe Meirieu, voulait jadis apprendre à lire dans des notices industrielles. À sacrifier par idéologie la belle langue, on en arrive, et c'est logique, à désarticuler la langue la plus simple. Étudiez La Fontaine, vous saurez lire *La Cuisinière provençale* et autres merveilles. Balbutiez sur le mode d'emploi des perceuses et vous ne saurez plus lire du tout.

À noter que lors de la dernière enquête internationale sur le niveau en mathématiques (Timms[1]), qui constatait que le niveau des écoliers français avait chuté parallèlement, on avait incriminé l'origine très souvent « littéraire » des maîtres français du primaire – comme si cette distinction faisait sens au cours préparatoire ! Et cette fois, que va-t-on invoquer ?

Il faudrait pendre aussi les universitaires, cadenassés dans leurs certitudes idéologiques, qui depuis 1989 ont la haute main sur la formation des maîtres. C'est d'eux, surtout d'eux, que viennent les problèmes.

1. Trends in International Mathematics and Science Study.

Troisième constat – une évidence, là encore, quand on est un praticien de l'éducation : la part des élèves très performants se monte en France à 4 %, face à une médiane de 10 % dans l'ensemble des pays participants. En baisse, elle aussi. Ça, c'est le résultat de la chasse aux élites vraies. Le mot même d'« élitisme » est devenu une injure chez les disciples de Bourdieu qui abondent chez les pédagos. Mort aux « héritiers » ! Comment ? Vous avez des livres chez vous ? Vous faites lire *Robinson Crusoé* ou *Le Tour du monde en quatre-vingts jours* à votre enfant ? Vous n'avez pas honte ?

Une furie d'indistinction a frappé l'école française, en nivelant par le bas tout ce qui menaçait de dépasser. Une chasse aux « bons » élèves s'est ouverte il y a trente ans : on peut l'arrêter, c'est désormais une espèce en voie d'extinction.

La conclusion de cette disparition est grave : si les élites ne parviennent plus à se renouveler, ni même à se reproduire, il y a toutes les chances que d'autres facteurs que la performance et la capacité pures entrent en jeu dorénavant pour recruter les cadres supérieurs. La connivence culturelle, le piston, la situation sociale de papa-maman sont désormais facteurs premiers. C'est ainsi que l'on remplace l'aristocratie républicaine par une oligarchie d'incapables.

C'est vrai même au niveau du recrutement des enseignants : en 2016, les jurys ont renoncé à remplir les postes attribués aux concours, tant le niveau des candidats était faible. Et je ne parle pas de quelques dérives : en juillet 2017, plus de mille trois cents postes n'ont pas été attribués, particulièrement en maths et en lettres où, de l'avis des correcteurs, « si on faisait un concours vraiment sélectif, il y aurait très peu de reçus », car « les savoirs de base ne sont plus assurés ». Alors on gonfle les notes. Bravo en tout cas aux enseignants du supérieur qui forment ces nouveaux hilotes. Eux aussi, on devrait les pendre. Ou tout au moins les révoquer. Nous sacrifions des millions d'élèves parce que nous n'avons pas voulu renvoyer quelques centaines de mauvais maîtres.

La cause profonde de ce déficit est à chercher dans la mutation pédagogique du début des années 2000, quand on a décidé d'évaluer désormais des « compétences » et non plus des « savoirs ». C'était une manière d'entériner la baisse de niveau déjà effective. On a fait digérer cela à François Fillon, qui a promulgué les décrets régissant aujourd'hui les programmes. Tant que l'on en reste à estimer prioritairement le « vivre ensemble » et à privilégier l'oral sur l'écrit, au lieu d'enseigner sérieusement le b.a.-ba., ne nous plaignons pas.

Est-ce être réac que vouloir que chaque enfant aille au plus haut de ses capacités ? Demandez à des instituteurs expérimentés : des enfants incapables d'apprendre à lire et à écrire dès cinq ans, il y en a fort peu – et l'on sait désormais que plus les apprentissages sont précoces, mieux formés sont les lecteurs. Mais, disent les plus abrutis de mes collègues, les élèves ont jusqu'à la fin de troisième pour maîtriser la lecture… Eh non : on n'apprend pas tard ce que l'on ne vous a pas enseigné quand vous étiez petit. L'esprit se ferme vers douze ans – demandez aux spécialistes des sciences cognitives dont Jean-Michel Blanquer fait si grand cas.

On attendait du ministre un grand coup de balai dans les forteresses des ESPE. On attendait de lui une parole claire sur les méthodes qu'il convenait d'adopter : on a eu une demi-réponse, avec l'expérimentation sur Paris et plusieurs départements de la méthode Lego [1], immédiatement dénoncée par un syndicat d'instituteurs qui préfère prêcher l'ignorance. Il a annoncé l'imposition d'une dictée quotidienne : mais savait-il qu'en sixième, les ESPE, les IPR et les « tuteurs » des nouveaux profs interdisent – sous peine de non-titularisation – toute dictée non préparée et limitent celle-ci à quatre ou cinq lignes ? C'est la hauteur de leurs ambitions et de leurs capacités.

Le ministre a fini par annoncer une grande concertation au printemps 2018. Nombre d'« experts » non indispensables se sont fait entendre pour obscurcir le débat – qui pourtant se résume à peu de chose : si l'on veut sauver nos enfants, évacuons les experts et adressons-nous enfin à de vrais praticiens. Ils existent, j'en ai rencontré. Ils se font pilonner par leur hiérarchie depuis trente ans. Ils ont – et je pourrais citer des noms – appris à lire à leurs élèves avec des manuels alphasyllabiques dissimulés sous les couvertures des horreurs pédagogiques éditées par Hatier et quelques autres. Ce sont des résistants. C'est à eux que devrait désormais revenir la tâche immense de sauver la lecture, nos enfants et la France.

1. Expérimentée en tout sur trois cent soixante-dix classes – heureux veinards. Comme m'a dit Isabelle Goubier, l'inspectrice chargée de l'expérimentation, qui a conçu la méthode avec deux collègues, Catherine Dorion et Catherine Ruchmann : « En France, à ma connaissance, la législation ne permet pas d'imposer une méthode d'enseignement. » C'est bien dommage – pour une fois que le jacobinisme avait une raison d'être…

16

Innumérisme et superstition vont en bateau

« Je crois que deux et deux sont quatre, Sganarelle, et que quatre et quatre sont huit. » Ainsi parle Dom Juan dans la pièce de Molière. On se rappelle que cette affirmation mathématique vient en réponse à la question de Sganarelle : « À quoi croyez-vous ? »

Il y a un rapport entre la culture scientifique et le recul du fanatisme et de l'irrationnel. Mais il y a un rapport aussi entre le recul de la culture scientifique et la montée de la superstition. Les rapports Pisa, PIRLS (lecture) ou Timms (maths) se suivent et se ressemblent. La France, qui jadis caracolait en tête dans les classements internationaux et collectionnait les médailles Fields, sombre depuis une quinzaine d'années. Nous sommes à des années-lumière des premiers du classement – Singapour ou Shanghai, notamment. L'innumérisme, cette incapacité à comprendre les chiffres et plus largement à élaborer un raisonnement scientifique, touche en France entre sept et dix millions de personnes.

Comme le notait récemment Vincent Tournier, maître de conférences en Science politique à Sciences Po Grenoble, il y a un rapport évident entre cet affaissement de l'esprit et des capacités scientifiques et la montée parallèle de théories simplistes comme la théorie du genre, « qui est la négation du darwinisme », les théories racialistes sur lesquelles s'appuient le mouvement « décolonialiste » et l'obscurantisme religieux[1]. Le plus grave est que ces théories ont droit d'existence au cœur des universités, désormais temples de l'ignorance et des superstitions de toute nature.

Tournier voit diverses causes à cet esprit antiscientifique. La désindustrialisation a rendu les filières scientifiques moins attractives – ou du moins, si elles le sont encore, les heureux élus des filières d'excellence partent à l'étranger exercer les talents acquis dans l'Hexagone. L'explosion du relativisme (« c'est votre opinion, ce n'est pas la mienne »), conséquence directe de ce « droit à l'expression » inscrit dans la loi Jospin et de nouvelles technologies non maîtrisées par tous les Sganarelle de la terre, a également miné la capacité de raisonnement. On voit ainsi proposer des traitements charlatanesques pour soigner des maladies graves (non, l'homéopathie ne soigne pas le cancer !) et des superstitions oubliées depuis des siècles : cherchez donc sur Internet les manifestations vociférantes des partisans d'une Terre plate ou d'une conjuration des « Illuminati » contre l'islam.

« Une autre cause, poursuit Vincent Tournier, plus délicate car politiquement sensible, est la politique

1. Vincent Tournier, « La France doit renouer avec une éducation scientifique exigeante », Lefigaro.fr, 2 septembre 2021.

d'immigration, qui a eu pour caractéristique en France d'être généreuse et de refuser le principe d'une immigration choisie. De ce fait, notre pays a accueilli des parents dont beaucoup, malgré leur bonne volonté, ont peu d'expérience de l'école et ne peuvent aider leurs enfants, faute parfois de maîtriser la langue française. Résultat : la France compte parmi les pays où l'écart de performance entre les natifs et ceux issus de l'immigration est relativement élevé. Cet écart a été mis sur le compte de l'école, vite accusée de pratiques discriminatoires, voire de racisme. »

Les racialistes rejoignent les pédagogistes – ce sont souvent les mêmes, ils ont investi parallèlement certains syndicats comme Sud et partiellement la FSU – pour accuser le système scolaire et prôner une pédagogie différente. Hier, pour égaliser les conditions, on avait imposé les « maths modernes » aux élèves, afin que tous les parents, incapables d'aider leurs rejetons, soient sur un pied d'égalité. Tout comme on a importé en sixième des théories linguistiques tout aussi respectables que les mathématiques modernes, mais inadaptées à des enfants de dix ou onze ans.

Le mot d'ordre des pédagos, depuis les années 1970, est l'inclusivité. Le mot s'est popularisé, on l'a mis à toutes les sauces – et l'écriture « inclusive », pure horreur morphologique propre à fabriquer le plus grand désordre dans les chères têtes blondes ou brunes, n'est qu'un avatar de cette inclusivité générale. À remarquer qu'inclure ne signifie plus assimiler. Il s'agit de juxtaposer des « communautés », des opinions, des croyances, aussi incompatibles soient-elles avec les valeurs françaises.

Répétons-le pour être clair : la France a besoin de l'islam comme un poisson d'une bicyclette. Cela signifie-t-il que je rejette les musulmans qui chaque année s'importent dans l'Hexagone par dizaines de milliers ? Certainement pas : je voudrais qu'ils soient formés, éclairés, *intégrés*. Chacun a des racines, les chérir et les préserver sont des nécessités culturelles. Mais le fait que je sois corse implique-t-il que je crois à la sorcellerie des *mazzeri*, ces sorciers censés pourchasser les âmes ou affronter les esprits du village voisin à grands coups d'asphodèles ? Il y a un temps et un espace privatif pour les légendes et les tenues folkloriques, et il y a un temps – et tout l'espace public – pour les sciences et la pleine conscience citoyenne.

Il faut arrêter de donner la priorité à l'inclusion, revenir aux valeurs sûres que sont le travail et le mérite, redonner toute leur place aux matières scientifiques. Mieux payer les enseignants peut inciter à nouveau de bons élèves matheux à choisir cette carrière, plutôt que de se lancer dans n'importe quelle école d'ingénieurs qui leur fournit dès la sortie des revenus supérieurs à ceux de l'Éducation – les plus faibles d'Europe, Bulgarie exceptée : l'inclusion européenne exclut la parité des salaires enseignants et un professeur luxembourgeois continue à gagner le double d'un enseignant français.

Ce n'est pas seulement une question de salaires. Il faut cesser de recruter les instituteurs (ou les « professeurs des écoles », si certains trouvent cette périphrase pompeuse plus prometteuse) parmi des licenciés de matières qui n'ont rien à voir avec ce qui s'enseigne. La sociologie doit cesser d'être une voie d'accès au professorat des écoles – non parce que je méprise les sociologues, mais parce qu'ils n'ont pas de compétences, *a priori*, pour enseigner les maths, le français, l'histoire ou la géographie, c'est-à-dire l'essentiel de ce qui doit être enseigné en primaire. Le reste n'est que dérivation et temps perdu.

C'est en diversifiant le recrutement que l'on en est arrivé à étaler sur quatre ans l'apprentissage des quatre opérations de base à l'école primaire : autant dire qu'elles ne sont jamais tout à fait maîtrisées. Et les vociférations des faux enseignants qui condamnent le « par cœur » n'y feront rien : les tables de multiplication, jadis imprimées au dos de tous les cahiers, doivent pouvoir se réciter mécaniquement. Essayez donc de tester vos enfants ! Dom Juan, il y a quatre siècles, en savait plus long qu'eux.

Il faut bien comprendre que renoncer à transmettre des savoirs savants, c'est consentir à la décivilisation. Lorsque les maîtres cessent de former les générations à venir, ils ouvrent la porte aux barbares. Et rien dès lors ne les fera sortir, sinon la force et la guerre civile – et qui l'envisagerait sereinement ? En refusant l'ancienne rigueur des « mathématiques sévères » et de la syntaxe rigoureuse, les enseignants préparent nos enfants à l'école de la soumission – celle même que prédit Michel Houellebecq.

17

Laïcité, mon beau souci

« Laïcité » est un mot intraduisible. L'équivalent qu'en proposent les dictionnaires français-anglais, *secularism*, est une approximation. Les lexicographes ont bien compris que le mot implique le refus du religieux et le recours au temporel contre le spirituel, mais ils peinent à rendre compte des implications strictement françaises du terme. En fait, « laïcité » fait partie, avec « béarnaise », « maître d'hôtel » et « blasé », de ces mots que les Anglais conservent tels quels – tout comme nous conservons « snob » ou « dandy ». Il est des caractères spécifiques, irréductibles au passage d'une langue à une autre, parce qu'ils témoignent d'une culture particulière. Et la laïcité est de ceux-là.

Le mot d'ailleurs n'apparaît en français qu'à l'aube de la IIIe République, à laquelle il est indéfectiblement associé. Son apparition (en 1871, dit Littré) précède à peine l'enseignement public des années 1880 et les lois laïques de 1905. L'un nourrit l'autre.

Un Français ne supporterait pas qu'un président de la République nouvellement élu prête serment sur la Bible.

Il est incrédule (c'est le cas de le dire) quand il apprend que règnent, dans certains pays, des partis religieux. Ça lui est même si incompréhensible que cela peut le mener à des *faux pas* (un autre terme que les Anglais nous ont emprunté tel quel) fort dommageables en diplomatie. Nous ne comprenons rien à l'Iran des mollahs, rien à l'Arabie saoudite wahhabite, rien à Israël ni à une foule d'autres nations – les États-Unis, par exemple, dont des zones entières sont définies par cette « *Bible Belt* » qui conditionne largement le vote de ses concitoyens. Qu'il y ait en Utah un crime de *sodomy* nous fascine, tant cela nous paraît exotique.

Nous payons, via l'impôt, l'entretien des lieux de culte depuis 1905, mais nous ne supporterions pas que figure sur nos relevés fiscaux l'indication d'une foi qui nous amènerait à verser un pourcentage directement dans les caisses de telle ou telle congrégation – y compris, comme en Allemagne, dans celles d'une secte telle que la Scientologie. Et nous n'autoriserions pas les religieux à ne pas payer d'impôts, comme en Grèce.

C'est cela, être laïque : notre tolérance consiste à ne pas tolérer, parce que nous ne pouvons pas imaginer (et nous n'avons pas les mots pour cela, ce qui ne se conçoit pas bien ne s'énonce pas clairement) un État qui passerait des compromissions avec les Églises. En 2014, les contorsions de l'Observatoire de la laïcité sur le régime du Concordat en Alsace ont suscité des protestations nombreuses : la tolérance dont firent preuve en la matière Jean-Louis Bianco et ses acolytes ne nous paraissait pas *française*. C'est, à la rigueur, celle de John Locke dans son *Traité sur la tolérance* ; mais justement, 1689 n'est pas 1905, et *toleration* – le terme par lequel on a traduit immédiatement en anglais le *tolerantia* du philosophe – n'est pas la *tolérance* de Voltaire un demi-siècle plus tard, quelque anglophile qu'ait été le philosophe de Ferney.

Alors, que penser de la « laïcité ouverte », proposée jadis par la droite, ou de la laïcité « aménagée » que cherche à imposer une gauche communautariste ? Que penser de la présence de La France insoumise ou de l'Unef à une manifestation conspuant leurs amis d'il y a quelques mois ?

« Compromissions » : les mots qui viennent à l'esprit sont déjà péjoratifs. La « laïcité à la française » (on aura compris que c'est un pléonasme, tant la laïcité est essentiellement française) ne peut formuler, entre l'État (et le citoyen engagé dans la cité) et les Églises (et l'individu dans son particulier) d'autre règle qu'une ignorance réciproque (tout comme, quand on y pense, la sodomie condamnée aux États-Unis). La laïcité suppose une division bien nette entre ce que l'on doit à César et ce que l'on croit devoir à Dieu. Après tout, c'était le sens du message évangélique avant que l'Église ne s'aperçoive qu'il y a du pouvoir à glaner dans le champ de la foi.

Il nous a fallu un peu plus d'un siècle, entre la Révolution française et la loi de séparation de l'Église et de l'État, pour retrouver le sens complet de cette injonction : l'État ne se mêle pas de la foi et ne tolère pas que la foi empiète sur ses prérogatives. On en revient à la déclaration du comte de Clermont-Tonnerre à l'adresse des juifs en 1789 : « Il faut tout refuser aux juifs comme nation et tout accorder aux juifs comme individus. » Car de nation, il ne saurait y en avoir qu'une, et la nôtre est laïque. Mettez ce que vous voulez à la place de « juifs » dans cette phrase célèbre et fondatrice – « musulmans », « catholiques », « bouddhistes », que sais-je. Le principe est le même : la division bien nette entre la foi et l'État. Dès que l'on bâtit des ponts entre les deux, on entre en hérésie républicaine.

La foi vampirise en ce moment la République. Elle la cannibalise. Dix millions de croyants (au mieux) prennent soixante millions d'agnostiques en otages – et les assassinent de temps à autre.

Que 70 % des jeunes musulmans pensent que la foi est supérieure à la loi témoigne de l'échec des politiques éducatives, vidées de leur contenu depuis trente ans par des pédagogues aventureux et parfois complices. Le discours de la tolérance moderne est en fait un discours d'exclusion : tolère-moi ou je te tue. Et la fameuse « intersectionnalité des luttes », qui affirme que la cause des femmes rejoint nécessairement celle des immigrés, est un leurre. La cause des femmes doit être entendue comme un combat contre toutes les tentatives de mettre les femmes en infériorité, sous quelque prétexte que ce soit. Aucun respect n'est dû à une religion qui les confine dans un harem, les excise, consacre leur « impureté » ou leur dénie une part égale d'héritage.

Alors, oui, redéfinissons les missions de l'Observatoire de la laïcité, et pour cela débarrassons cet organisme de tous les croupions qui l'encombrent[1]. Que le gouverne-

1. Abrogé par le décret du 5 juin 2021, l'Observatoire de la laïcité a été remplacé par un Comité interministériel de la laïcité, afin que « toutes les administrations [des ministères] mettent en œuvre l'obligation prévue par la loi confortant les principes de la République de formation aux exigences du principe de laïcité

ment, qui a peut-être enfin compris comment regagner le terrain perdu devant les Gilets jaunes, la gestion catastrophique de l'épidémie de Covid-19, la montée de la pauvreté et la faillite organisée des plus humbles, individus ou entreprises, se saisisse de cette croisade (le mot choquera les anticolonialistes professionnels, mais qui s'en préoccupe ?) et redonne d'un côté aux enseignants des programmes clairs, un soutien sans faille de la hiérarchie contre les menées de quelques parents d'élèves téléguidés, un grand lessivage des suspects et une tolérance zéro vis-à-vis de ceux qui croient grignoter pas à pas la République sous prétexte de respect de la démocratie – dont ils se fichent pas mal, à l'arrivée.

La liberté de parole accordée imprudemment aux élèves par la loi Jospin en 1989 doit s'effacer devant la nécessité de se taire et d'écouter. Peut-être alors comprendront-ils que la laïcité autorise les garçons à être assis près des filles sans avoir peur d'être souillés et qu'elle implique une connaissance des faits historiques, scientifiques, culturels sur lesquels est bâtie notre civilisation – la nôtre, à l'exclusion de toute autre.

---

pour tout agent public », selon les termes du Premier ministre Jean Castex.

18

Laïcité aménagée, laïcité dépecée

Il en est de la laïcité comme du « Je t'aime » : toute modification de l'énoncé le démantèle. « Je t'aime bien », ou « beaucoup », dévalue le sentiment. « Je t'aimerai » remet au lendemain ce qui ne se fera jamais – comme le « Je te m'aime » de Louis Scutenaire ou le « Je t'aime... moi non plus » de Gainsbourg.

On tente de nous vendre, depuis vingt ans, une laïcité *adjectivée* : « aménagée », « inclusive », « multiple » ou « apaisée ». Une laïcité à géométrie variable. Autant de dérobades et de défaites. Toute adjectivation est une abdication.

Dans l'enseignement, c'est par pans entiers que la laïcité a été taillée en pièces. Il ne restera bientôt plus rien de ce pilier essentiel de l'école républicaine.

Il faut remonter à la fameuse histoire des voiles de Creil (septembre 1989). Saisissant au vol la perche tendue par la loi Jospin (juillet 1989), dont l'article de loi sur la libre expression des élèves portait en germe toutes les concessions, deux adolescentes au libre arbitre discutable se présentèrent en classe voilées. Le ministre s'empressa de ne rien décider et confia la question au Conseil constitutionnel. Le SNES prêcha pour une « pratique souple et tolérante de la laïcité » et plaida : « Certaines facilités peuvent être offertes aux élèves pour l'exercice de leur croyance. » Prise de position qui, en pleine affaire Rushdie, était bien problématique. Les foulards se multiplièrent.

Ce fut le premier coin enfoncé dans la laïcité pour la faire éclater. On alla ainsi cahin-caha jusqu'à la loi de 2004, fausse coupe qui interdit les « signes religieux ostentatoires » dans le secondaire et les autorise dans le supérieur : le cas des élèves majeurs de BTS ou de CPGE, qui dépendent du ministère de la rue de Grenelle et non de la rue Descartes, ne fut pas évoqué.

Il n'y eut pas qu'en milieu musulman que les questions religieuses s'invitèrent en classe. Un grand nombre de lycées, dès les années 1990, cessèrent les cours le samedi matin afin de ne pas contrarier le shabbat. À Paris, le lycée Turgot, qui scolarise des enfants du Marais et du Sentier, ramena la fin des cours le vendredi à 15 heures, afin de donner à ses élèves le temps de rentrer avant le coucher du soleil en hiver. Les radicalisations ainsi se répondaient.

Juste après le vêtement, c'est dans les rapports entre les sexes que les superstitions se manifestèrent. À l'âge même où les garçons cherchent à se rapprocher des filles, ils cessèrent de les côtoyer. Dans les salles de classe, ils se regroupèrent frileusement, laissant les filles dans l'autre moitié. La crainte que ces demoiselles aient leurs règles s'insinua ainsi dans les comportements. Une enseignante, au lycée des Tarterêts (Corbeil-Essonnes), fut à demi massacrée à coups de pied parce qu'elle avait touché un élève – et qu'elle était peut-être « impure ». Dans une profession très féminisée, de tels comportements suscitèrent quelques inquiétudes...

Et dans les cantines montèrent alors les revendications de menus halal.

Les manifestations de scrupules religieux apparurent en EPS. Des jeunes filles qui reprenaient leur tchador dès la sortie des cours hésitaient à se mettre en tenue de gymnastique – sans parler de se montrer en maillot de bain. Elles bénéficièrent de l'indulgence de leurs médecins, qui les fournirent abondamment en dispenses pour raisons de santé, afin qu'elles ne soient plus contraintes d'aller à la piscine – les garçons refusant parfois de plonger dans des eaux contaminées par des filles. Les initiatives de certaines municipalités (Lille ou Grenoble) pour réserver des plages horaires pour les femmes musulmanes trouvent là leur origine.

Enfin débutèrent les contestations sur les programmes mêmes. Enseigner que la Terre est ronde ou que l'homme est comme les autres espèces le résultat d'une évolution heurte de front les convictions religieuses de gens qui pensent que tout est sorti en l'état des mains d'un être incréé. Darwin n'est pas *persona grata* dans un tel contexte et prononcer son nom frise vite l'anathème : en 2007, un certain Harun Yahya (Adnan Oktar de son vrai nom, qui cumule les qualités de créationniste, antisémite et anti-franc-maçon) a inondé les écoles françaises d'exemplaires luxueux de son *Atlas de la Création*, réfutation pesante de l'évolutionnisme, avant que le ministère ne réagisse et ne les fasse retirer.

Les SVT, chargées des cours sur la sexualité, prirent de plein fouet le refus de parler de choses qui heurtaient la

« pudeur musulmane ». On passa ainsi des rires étouffés à des manifestations plus hostiles, et de nombreux enseignants ont renoncé à évoquer ces questions. Les atteintes à la laïcité se font ainsi *in absentia*.

Ce principe de précaution pédagogique, encouragé d'ailleurs dans les IUFM puis les ESPE, touche aujourd'hui de très nombreuses matières. La doctrine du « pas de vagues » s'exerce aussi bien en français (Voltaire ayant écrit *Le Fanatisme ou Mahomet le prophète*, dont Tariq Ramadan parvint à faire interdire toute représentation à Genève, est réputé *haram* par les uns, antisémite par d'autres à cause du *Dictionnaire philosophique*) qu'en histoire : l'évocation de la naissance d'Israël ou de la guerre d'Algérie est devenue problématique, chacun rejouant les conflits pour son compte. Pour avoir eu en classe, à Montpellier, des enfants de harkis, je sais ce qu'il en coûte d'avoir des ancêtres suspects d'avoir fait le mauvais choix lors d'événements passés.

Chez les garçons, la mode des keffiehs palestiniens a longtemps sévi, entre les années 1990 et 2005. Ainsi se manifestait, vers 1992-1995, le soutien au GIA et au FIS qui ensanglantaient l'Algérie et empoisonnèrent les débats scolaires.

C'est dans ce contexte que le match amical France-Algérie, le 6 octobre 2001, dégénéra dès la diffusion des hymnes nationaux – *Marseillaise* sifflée, hymne algérien repris en chœur par les supporters, les noms des joueurs français, à l'exception notable de Zidane, étant hués. Jusqu'à l'incident final et l'envahissement de la pelouse par des supporters portant le drapeau algérien avant même la fin de la rencontre. La diffusion de l'événement par la télévision anima durablement les cours de récréation, où la faculté mimétique des petits d'hominidés joue à plein.

Quant à enseigner la liberté d'expression, la plupart de mes collègues y ont renoncé. Quand Régis Debray lui-même dénonce « l'impudente, l'imprudente ostentation d'une caricature[1] », quand des milliers d'« incidents » – magnifique exemple d'euphémisme – sont signalés à chaque minute de silence dédiée à des dessinateurs, des journalistes ou des professeurs assassinés par des terroristes, quand des centaines d'agressions et de menaces contre des enseignants sont répertoriées chaque année par les syndicats, il faut des épaules solides pour expliquer qu'« une étoile est née » est une référence à un film de Cukor, et que « Comment tu les trouves, mes fesses ? » parodie un film de Godard[2]. Tout ce que les hilotes y voient, c'est une attaque contre Mahomet. Le moindre smartphone met sous les yeux de publics auxquels elles n'étaient pas destinées des images destinées à être drôles à un certain niveau de référence et jugées offensantes à un niveau plus fruste.

Des pans entiers des programmes ont disparu des manuels, dont les concepteurs anticipent les problèmes. En sixième, on est censé étudier les « textes fondateurs », mais un seul éditeur a osé imprimer un extrait du Coran, puisqu'il est théoriquement interdit de traduire le corpus sacré, que d'ailleurs fort peu de musulmans savent lire en arabe dans le texte. L'ignorance garantit la foi.

---

1. Régis Debray, *France laïque. Sur quelques questions d'actualité*, Gallimard, coll. « Tracts en ligne », 2 décembre 2020.
2. Allusions aux caricatures montrées à ses élèves par Samuel Paty (*NdE*).

Et là gît un autre aspect du problème. La laïcité suppose une uniformité de traitement sur tout le territoire national. Mais la communautarisation de certaines zones a entraîné une différenciation dans les programmes et les cours. Ce qui s'enseigne à Henri-IV (V^e^ arrondissement de Paris) ne passe pas à Paul-Valéry (XIIe) et encore moins à Paul-Éluard, à Saint-Denis. Lumières ici, charia là. Comme cela est vrai tout au long de la chaîne pédagogique, on comprend avec quel déficit arrivent au bac des élèves qui ont fait l'intégralité de leur cursus dans l'un ou l'autre des « territoires perdus de la République ».

Quant à savoir si ces accrocs à la laïcité sont des coups forcés, comme on dit aux échecs, ou résultent d'un projet nébuleux de démantèlement du corps national… Les deux, sans doute.

La laïcité est ainsi un marqueur très sûr de cet enseignement à deux vitesses qui s'est installé partout sur le territoire. Ce qui de l'extérieur peut paraître anecdotique révèle en fait l'abandon de pans entiers de l'école républicaine à des fanatiques qui utilisent vêtements, postures et discours comme cheval de Troie d'une délaïcisation accélérée. Le jeûne imposé lors du ramadan à des élèves non musulmans en témoigne abondamment.

Dans le supérieur, le phénomène atteint son apogée. On ne compte plus les intimidations visant des conférenciers, les plaintes touchant des enseignants, les refus bruyants de tel ou tel cours – voire d'un spectacle (*Les Suppliantes* d'Eschyle monté à la Sorbonne) accusé d'exhiber des Blancs maquillés en Noirs. Bien des enseignants se soumettent, comme dirait Houellebecq, aux diktats de groupuscules très organisés, où revendications « culturelles » (et on sait que les musulmans jouent à merveille de l'interpénétrabilité du culturel et du cultuel pour faire de leurs mosquées des associations type 1901), ethniques et sexuelles s'additionnent au nom de l'intersectionnalité des luttes.

La République pensait la laïcité comme vecteur d'unité. La guérilla antilaïque est un ferment d'éclatement en « communautés » parallèles. L'École d'autrefois était « communale » – c'est-à-dire commune –, elle était la version laïque de l'*ekklesia* chrétienne qui rassemblait tout le peuple. Elle n'est plus qu'un puzzle désorganisé, où chaque groupe entend vivre selon ses principes sans être offensé par ceux des autres. Quand on décrète que « la liberté des uns s'arrête où commence celle des autres », on comprend très vite, à l'usage, qu'il n'y a plus de liberté du tout – pour personne.

19

« Le » bac ? Quel bac ?

L'article défini, en français, est issu du démonstratif latin dit de troisième personne à valeur laudative, *ille/illa*. « La » Callas, c'est l'inoubliable Maria Callas. « Le » bac...

Quel bac ? Celui institué par Napoléon pour moins de 2 % de la population en 1802, ou celui qu'ont décroché 96 % des candidats en 2020 et 2021 ? Il n'y a toujours qu'*une* Maria Callas, mais le bac que vient d'avoir votre enfant n'est « le » bac que par dérision. Par antiphrase. « Le » bac ? Ah oui, celui de tout le monde...

Il est temps d'en finir avec cette uniformité et cette unicité trompeuses. On sait déjà – et les vitupérations syndicales n'y changent rien – que le bac préparé dans tel établissement vaut mieux que celui obtenu dans tel autre, et qu'à chaque lieu de production correspond un produit différent, que l'on prétend pourtant standardisé. Le poids effectif du contrôle continu, c'est-à-dire de la qualité de l'enseignement dispensé çà ou là, fait l'essentiel du diplôme. C'est si vrai que 40 % des formations post-bac – CPGE, BTS, facs à dérogation comme

Dauphine – recrutent depuis longtemps avant le bac, dès le mois de mai, sur la foi de dossiers dont l'origine géographique pèse très lourd.

Non, tous les postulants ne sont pas égaux – même anonymisés. Et non, tous les lycées ne se valent pas – ni tous les enseignants. Pour avoir sélectionné des élèves de prépas des années durant, j'ai entendu nombre de mes collègues (en maths, particulièrement) arguer que telle terminale de tel lycée avait tel ou tel prof dont l'enseignement était très sérieux – alors que tel autre… Qui ignore que les bonnes notes ne sont souvent qu'un moyen d'acheter la paix – démagogie et non pédagogie ?

J'avoue ne pas avoir bien compris quelle mouche piqua Jean-Michel Blanquer lorsqu'il décida, peu après son entrée en fonction, de revitaliser le bac. Sans doute faisait-il le complexe de Lazare, qui pousse à tenter le bouche-à-bouche sur un cadavre. Proposer un « nouveau bac », c'était – outre le fait que cela dérangeait enseignants et syndicalistes dans leur routine – mettre sous perfusion un grand cadavre à la renverse.

On ne revivifiera pas le bac en revenant à des épreuves notées en valeur absolue. Quels parents admettraient un pourcentage de réussite de 60 %, comme ce fut le cas jusque dans les années 1970 ? Et quels enseignants oseraient évaluer des copies en valeur réelle – ce qui se fait en classes préparatoires et qui explique le léger malaise d'anciens très bons élèves, ou supposés tels, qui ont obtenu « le » bac avec une mention « très bien » et qui se retrouvent à flirter avec des notes très basses – mais réalistes ?

Il est temps non pas d'admettre la vérité, à savoir que le système français est à deux vitesses – quelques établissements sérieux et une foule de ghettos scolaires –, mais de contrecarrer cette répartition.

Le seul moyen est de décrocher le système éducatif de la rue de Grenelle. L'instruction publique n'a rien d'une fonction régalienne. Elle peut très bien être assumée par les régions, les départements, les villes. Chaque établissement doit oser proposer un projet, disposer pour le mener à bien de « postes à profil » sur lesquels se recruteront les enseignants idoines, et les parents doivent pouvoir inscrire leurs enfants selon ce projet. La proximité est essentielle en matière d'éducation – ce qui se passe souvent en primaire, plus rarement au collège, encore moins au lycée.

Il ne s'agit pas de faire des parents d'élèves des « co-éducateurs », comme on a tenté de le proposer ces dernières années. Mais, puisqu'ils ont des réflexes de consommateurs, d'en faire des consommateurs éclairés. Nous exigeons de savoir avec quoi on a arrosé les légumes que nous achetons, nous devrions savoir quelles salades seront servies à nos enfants – et par qui.

Car le recrutement aussi doit être déconcentré. Que Paris s'arroge le droit de régenter l'existence d'enseignants lancés dans un métier difficile en les envoyant à 800 kilomètres de chez eux est désormais insupportable. C'est aux régions de régler cette question, afin que les néo-profs soient, comme les néo-instituteurs, nommés dans une aire géographique proche de leurs racines – sauf souhait contraire. Une autre solution serait de nommer les néotitulaires, trop souvent expédiés aujourd'hui dans des zones difficiles, en fonction de leur classement aux concours : après tout, cela se fait bien pour les nominations des commissaires de police, à la sortie de l'école du Mont-d'Or.

Cela suppose – et c'est le dernier tabou à briser – que les concours eux-mêmes soient au moins en partie régionalisés. Que les épreuves soient communes, fort bien, c'est la garantie d'un niveau et d'une exigence uniformes – mais en sachant qu'Aix-Marseille offre tant de postes dans telle ou telle matière, et Auvergne-Rhône-Alpes cinquante de plus – ou de moins. Que l'Île-de-France offre pour venir s'installer dans l'académie de Créteil tel ou tel avantage en espèces ou en nature – au lieu de compter, comme aujourd'hui, que des profs débutant à 1 500 euros par mois trouvent tout seuls 9 mètres carrés pour se loger en Seine-Saint-Denis. Eh oui, il peut y avoir des disparités de salaires selon le lieu, la qualification et, à terme, le mérite.

C'est cette réforme que doit porter un candidat sérieux à la présidence – et déjà certains des postulants y pensent. Le vieux système jacobin a vécu, il ne produit plus que des pleurs, des grincements de dents et « un » bac plein de lauréats dérisoires.

20

Jean-Michel Blanquer pouvait mieux faire

Nous avons espéré. Le rictus de Najat Vallaud-Belkacem, lors de la passation de pouvoirs sur les marches de la rue de Grenelle, était porteur d'espérance : après deux ans d'incompétence, d'idéologie et de diktats pédagogistes, peut-être le courant allait-il s'inverser.

Espoir confirmé quand, fin juin 2017, le ministre fit distribuer un recueil des *Fables* de La Fontaine aux élèves achevant le CM2 – initiative réitérée les années suivantes. Pour la première fois depuis le début des années 1970 et la mise en application des recommandations de la commission Rouchette (1965-1969) sur l'enseignement du français, on en revenait à la langue classique, au lieu d'en rester à celle de la rue.

Le choix de La Fontaine n'est pas innocent. Le fabuliste est détesté par les pédagogues qui ont démantelé l'École, suivant en cela les préceptes rousseauistes : le « philosophe de Genève », dans l'*Émile*, répudiait bien haut un auteur qui fait parler les cigales ou les agneaux et a une vision pessimiste de l'enfant (« cet âge est sans pitié »), qu'il faut donc « instituer », c'est-à-dire redresser[1]. Le faire apprendre par cœur aux écoliers n'était plus que psittacisme coercitif... Évidemment, cette conviction antiélitiste a pour effet d'annihiler les chances des plus déshérités de parler la langue que leurs camarades (mais l'ont-ils été un jour ?) plus fortunés apprennent en tétant leur mère.

Il en est de même des méthodes de lecture. La proscription du b.a.-ba. par les pédagos s'appuyait sur la promesse qu'une méthode idéovisuelle (ou semi-globale) accroîtrait le « sac » de mots de ces mêmes déshérités, sans accroître celui des « héritiers ».

Espoir insensé d'égalitarisme par le bas. Si l'École n'apprend pas les règles de formation du langage, les plus pauvres ne rattraperont jamais ceux qui, chez eux, entendent parler en bon français. En imposant, du CP à la terminale, des programmes débilitants, Najat Vallaud-Belkacem ne faisait qu'encourager cette École à deux vitesses – et d'ailleurs elle n'a pas manqué d'inscrire ses propres enfants dans les écoles les plus chics du VIIe arrondissement, où l'enseignement « à l'ancienne » donne des résultats plus satisfaisants qu'en Seine-Saint-Denis.

Jean-Michel Blanquer s'est dans un premier temps focalisé sur le cycle des apprentissages, en décrétant que les classes de CP de toutes les écoles de secteurs défavorisés seraient dédoublées. C'était un pas dans la bonne direction...

... sauf qu'il a omis d'imposer tout de suite une méthode unique et efficace pour apprendre à lire/écrire.

1. Voir chapitre 5, p. 51.

Moins de 10 % des « professeurs des écoles » utilisent une méthode alphasyllabique. Les autres persistent à démolir les enfants qui leur sont confiés selon les méthodes qu'on leur a enseignées en IUFM – devenus ESPE.

Sans doute fallait-il alors modifier la formation des maîtres. La dissolution des ESPE dans des INSPE décrétée par Blanquer était une opportunité – ratée, car le ministre, juriste et légaliste, n'a pas osé démettre ceux qui y enseignaient. L'étiquette a changé, pas les contenus. On a continué à imposer à des certifiés, à des agrégés déjà titulaires d'un Master 2 de passer sous les fourches caudines de ces instituts staliniens.

De la même manière qu'Andreï Jdanov pensait fabriquer l'Homme nouveau en imposant une culture et une science « prolétariennes », les pédagogistes infiltrés depuis trente ans dans l'État profond de l'Éducation pensent encore fabriquer des hommes neufs (et, si possible, électeurs de gauche) en refusant la culture bourgeoise. Marx, s'ils le lisaient, leur expliquerait qu'il n'y en a pas d'autre tant que la bourgeoisie est la classe dominante. D'où l'élimination de la notation chiffrée, remplacée par des évaluations colorées comme dans un pays analphabète – mais la France n'en est plus loin –, et la multiplication des « sorties culturelles » et des disciplines d'éveil.

Un autre espoir est né – on se raccroche à ce que l'on peut, lorsqu'on désespère – avec la nomination de Souâd Ayada à la tête du Conseil supérieur des programmes, en lieu et place de Michel Lussault, l'idéologue en chef de la réforme Vallaud-Belkacem et du « socle commun » où les « compétences » transversales éteignent les savoirs réels. Lussault a démissionné du Conseil, prétextant que Blanquer a « franchi des limites » en « remettant en cause de façon brutale et unilatérale des évolutions qui avaient longuement été discutées pendant les années précédentes ». À quoi le ministre, qui n'aime guère qu'on lui marche sur les pieds, a répliqué : « Je suis dans un travail d'organisation de l'Éducation nationale pour que tous les enfants sachent lire, écrire, compter et respecter autrui à la sortie de l'école primaire. Si ça gêne M. Lussault, ce n'est vraiment pas grave, qu'il s'en aille. »

Pour Luc Ferry, il s'agit d'« un départ que personne ne regrettera, tant les dégâts causés par son conseil dans la rédaction des nouveaux programmes, notamment en histoire et en français, ont été effroyables ». Peut-être l'ancien ministre de l'Éducation aurait-il pu se soucier de la mainmise des pédagos sur l'École lorsqu'il était au pouvoir, au lieu de signer n'importe quelle nomination d'inspecteur général.

Dans la foulée de son action dans le primaire, on attendait de Jean-Michel Blanquer qu'il reprenne en main les programmes de collège, assurément le chaînon le plus faible. Il a préféré, peut-être pour ne pas contrarier les syndicats, porter le fer au lycée et tenter de réformer le bac, au lieu de le déclarer mort au champ d'horreur pédagogique.

C'était une très mauvaise idée. Il se heurtait de front à l'immobilisme enseignant : l'Éducation nationale est un corps amorphe et routinier où les réformes pénètrent très lentement. Il prétendait par exemple en revenir, pour l'épreuve anticipée de français en première, au système des années 1990, où le ministère décidait sur quelles œuvres travailleraient les enseignants. Rien de révolutionnaire pourtant dans les choix ministériels : *La Princesse de Clèves*, roman tant décrié par Nicolas Sarkozy, les

Fables de La Fontaine à nouveau, *Les Fausses Confidences* de Marivaux. Il n'y avait là rien qui pût offusquer les profs de lettres – pas ceux qui travaillent, du moins...

... sauf que ceux formés depuis vingt ans avaient rarement étudié ou même lu les œuvres en question. Ils demandèrent un moratoire, exigèrent une formation, les syndicats leur emboîtèrent le pas. L'idée de faire passer des épreuves en cours d'année en terminale (l'adaptation au lycée des « partiels » de la fac) fit hurler : on en arrivait à un bac par contrôle continu, le caractère national de l'examen se perdait, l'enseignement à deux vitesses était consacré par ce système, verrait-on bientôt des diplômes décernés par les lycées ?

Un syndicat comme le SNALC, que *Le Monde* classait « à droite » depuis des années, s'allia à Sud et au SNES pour protester. Pourtant le bac était mort. Il aurait été plus expédient d'entériner sa disparition en inventant un diplôme de fin d'études, puis en laissant Parcoursup, seule réforme tout à fait cohérente de ce quinquennat, opérer la distribution, comme les classes préparatoires, les BTS ou les facs à dérogation telles que Paris-Dauphine le faisaient depuis lurette.

En fait, ce qui a manqué à Jean-Michel Blanquer, ce fut la capacité de trancher. Il ne devait pas être permis d'apprendre à lire/écrire autrement qu'en alphasyllabique, l'illusion d'un bac « premier titre universitaire » devait être dissoute, et les Grands Inutiles persistant à enseigner l'ignorance dans les instituts de formation, comme l'avait fait remarquer Jean-Claude Michéa, devaient être révoqués – ou renvoyés à leurs « recherches » dispensables.

Mais Blanquer est resté au milieu du gué, entre jacobinisme et girondisme. Soit on régit d'une main de fer des enseignants qui plieront tôt ou tard, soit on renverse la table et on donne le pouvoir aux régions, qui par ailleurs administrent les lycées.

On a bien vu les effets délétères de cette hésitation lors de la crise sanitaire. Jean-Michel Blanquer, après avoir privé les élèves d'école pendant des mois en 2020, a laissé les conseils d'administration libres de décider quelle politique devait être appliquée localement en 2021. Certains (dont la plupart des boîtes privées) n'ont pas hésité à laisser les élèves venir en cours comme d'habitude : ils n'en sont pas morts, leurs professeurs non plus, et ils ont normalement profité d'une année pleine. Était-ce si dur à décréter nationalement ? Les syndicats auraient crié dix minutes, alors qu'ils ont gémi six mois en trouvant que les mesures de précaution n'étaient pas assez coercitives…

Le bilan médical de ces irréductibles du présentiel est terrible : aucun élève n'est décédé, ni aucun enseignant… En revanche, pour ce qui est des savoirs, nombre d'élèves ont tout perdu – y compris l'habitude de s'asseoir en classe. Et le nombre de noyades mortelles frappant des enfants auxquels on n'avait pas appris à nager a augmenté vertigineusement durant l'été 2021.

Quant aux noyades didactiques… Les 96 % de néobacheliers de 2020 et 2021 n'ont pas le niveau requis pour suivre sérieusement à l'université, où ils iront s'écraser. En revanche, pour pédaler pour Uber Eats ou Deliveroo…

Jean-Michel Blanquer, en vrai membre de l'Institut Montaigne, est un libéral à l'ancienne. Le jacobinisme dur lui répugne. Mais la délégation aux instances locales aussi. Il a voulu s'occuper des plus humbles – jamais assez pour ceux qui réclamaient des créations de postes en pleine crise des vocations. Il a géré de son mieux la crise de la Covid, sans cesse contredit au dernier moment par l'Élysée. Il est resté rue de Grenelle, faute d'amateurs à ce poste exposé chez les Marcheurs, et a géré la fin du quinquennat en louvoyant. Proposer que soient exclus les élèves dépourvus de passe sanitaire, par exemple, est une aberration, quand on sait que ce sont les plus démunis qui sont les moins vaccinés : double peine !

En décembre 2021, un scandale couve : le ministre de l'Éducation tient à ce que les élèves aillent en classe, au lieu de vaquer, l'œil vide, devant leur télé, et de s'injurier sur les réseaux sociaux. Contrairement à nos voisins belges, on ne mettra pas les enfants en vacances de Noël une semaine plus tôt. Jean-Michel Blanquer a d'ailleurs aggravé son cas : « Les enfants ne vont pas bien quand ils ne vont pas à l'école. Donc on a besoin qu'ils y aillent, d'autant qu'à l'école, ils apprennent les gestes barrières. » C'est un argument qui surfe sur l'actualité, mais la vraie raison, c'est que les enfants, hors l'école, n'apprennent rien – et désapprennent même le peu qu'ils ont acquis. Demandez à n'importe quel enseignant de collège qui a des sixièmes : après bientôt deux ans de cours branchés sur l'alternatif, ils ne savent plus lire ni écrire, ni respect ni discipline – plus rien.

Le ministre a donc raison de s'écrier : « Pour moi, c'est très important que les enfants aillent à l'école, ce n'est pas une variable d'ajustement. On ne doit pas, dans notre société, accoutumer tout le monde au fait que l'école est une chose où l'on va, où l'on ne va pas. » Ajoutons qu'il a fait de son mieux, depuis février 2020, en ferraillant contre les oukases des médecins qui désormais ont confisqué le pouvoir, et parfois même contre Emmanuel Macron qui a tendance à les écouter plus que de raison. Jean-Michel Blanquer aurait volontiers maintenu les élèves en classe, il a combattu de son mieux les confinements scolaires, il savait bien que l'enseignement en « distanciel » ne vaudra jamais un colloque direct entre maître et élève.

Et que font les syndicats ? Guislaine David, tête du SNUipp, principal syndicat du primaire au sein de la FSU, estime qu'éloigner les enfants « positifs » (rappelons à nos lecteurs qu'il ne s'agit pas d'enfants malades, mais d'enfants supposés porteurs de virus) sans fermer complètement la classe où ils vaquaient est une mesure insuffisante. Pitié, monsieur le ministre, éloignez les enseignants de ces porteurs de germes ! Octroyez-leur une semaine de plus à Noël ! Dispensez-les de cours jusqu'à la Saint-Glinglin ! (Au passage, ces mêmes syndicats s'indigneraient sans doute si l'on rendait la vaccination obligatoire pour tous les personnels de l'Éducation nationale.)

Grâce à la pagaille semée par les syndicats d'un côté, les alarmistes du « tout médical » de l'autre et des médias affamés de mauvaises nouvelles au centre, Jean-Michel Blanquer a même été obligé de réfuter l'idée que la rentrée serait différée – puisque la sortie n'était pas avancée. J'espère que tout le monde suit.

Enseigner, c'est être, toute sa vie, en contact avec des porteurs de germes. On teste aujourd'hui la Covid. Si on testait la grippe (qui tue aussi allègrement et ne connaît pas, elle, de barrière d'âge) ou la bronchiolite, tout le monde fuirait l'école et se calfeutrerait dans son canapé.

Nous avons appris, depuis quelques milliers d'années, à vivre avec la grippe. La Covid, en milieu scolaire, est bien moins dangereuse : depuis le début de l'épidémie, fort peu d'enfants en sont morts et les très rares victimes (une douzaine) étaient atteintes de pathologies graves. Aucun enseignant non plus – sauf un, tout au début, qui avait ramené le virus de Chine. Pour maintenir la pression psychologique, on ne répertorie plus les malades, mais ceux qui portent le virus sans en éprouver de symptômes – ce qui est le cas d'une bonne part de la population. C'est avec ces chiffres arbitraires que l'on aiguille la peur.

Oui, mais, disent les inquiets, un enfant malade peut contaminer... Contaminer qui ? Ses parents ? Ses grands-parents ? Il faudrait déjà prouver que l'enfant a été contaminé en milieu scolaire, alors que les chercheurs affirment que le milieu familial est bien plus pathogène. Surtout dans des zones pauvres – les moins vaccinées – où l'on s'entasse à dix dans 30 mètres carrés. Alors que les salles de classe peuvent être aérées et qu'une certaine distance existe entre maîtres et élèves.

Quoi que fasse Jean-Michel Blanquer, il a tout faux aux yeux de ses détracteurs – et ils sont fort nombreux – car il a bousculé leurs habitudes. Il a lancé sur Paris une expérimentation en grand d'une méthode d'apprentissage de la lecture alphasyllabique, baptisée Lego, qui marche du feu de Dieu, et il prétend l'étendre peu à peu. « Caporalisme ! », hurle la même Guislaine David, qui a sans doute pratiqué dans ses classes *Ratus*, *Ribambelle*, *Gafi*, *Abracadalire* et autres dispensateurs d'illettrisme. Si vos enfants ou petits-enfants ont appris à déchiffrer dans les manuels susmentionnés, ils sont fichus. Merci aux enseignants qui les ont pratiqués, merci aux inspecteurs qui les ont imposés : qu'aurait-on fait en 1793 de ces dispensateurs d'ignorance œuvrant contre la République ?

Peut-être est-ce cela qui a manqué à Jean-Michel Blanquer : juriste, il a respecté le droit, alors qu'il aurait dû couper des têtes. Il aurait pu changer la face des choses. Il se contentera d'avoir été le ministre de l'Éducation le plus longtemps en poste. Mais durer, ce n'est pas gouverner.

Conclusion

J'ai passé quarante-cinq ans de ma vie à enseigner. Le plus souvent dans des quartiers déshérités – mes contradicteurs seraient sans doute enchantés, eux aussi, de se coltiner les élèves des Ulis, des Tarterêts ou d'un lycée technique montpelliérain recrutant pour l'essentiel dans le quartier de la Paillade.

Ces dix dernières années, j'avais (entre autres) en charge une classe post-bac préparant à l'Heptaconcours qui ouvre l'entrée aux Sciences Po de province. J'y avais – Marseille oblige – 80 % d'élèves soit immigrés, soit enfants d'immigrés, tous issus des fameux « quartiers nord ». De toutes les couleurs. Et musulmans à 99 %. Je n'ai jamais prêté attention ni à leur couleur de peau, ni à leur religion. Je m'en moquais, quand par hasard – mais cela ne durait jamais longtemps – ils tentaient de poser des croyances face à des savoirs. Mon boulot (et celui de mes collègues, dévoués à la même cause) consistait à leur apprendre à parler et à écrire en bon français, à maîtriser tous les éléments du programme, à posséder les codes de la culture bourgeoise (parce qu'en l'état il n'y en a pas d'autre) et à se détacher peu à peu de l'emprise familiale, de celle du quartier, de celle de la ville – puisque, nécessairement, ceux qui réussiraient (40 % par an, score énorme dans un concours) quitteraient le giron marseillais.

C'était d'ailleurs particulièrement vrai chez les filles, dont certaines remettaient un voile en sortant du lycée – pour se prémunir des racailles du quartier – et ne rêvaient qu'à partir, loin, pour ne plus jamais en porter.

D'où mon obstination à leur faire étudier les grands classiques de l'ambition – *Tartuffe*, *Le Père Goriot*, *Bel-Ami* ou *Topaze* – afin d'éliminer chez eux le sentiment d'imposture qui est trop souvent le lot de ceux qui ne sont pas nés avec une cuiller d'argent dans la bouche. À noter qu'il s'agit d'œuvres écrites dans un français classique – pas la prose d'un article de *Libé*.

Ce que je visais était l'intégration et l'assimilation. Et non seulement pour ceux qui ont intégré Sciences Po Lille ou Grenoble et qui s'intégreront par définition, mais pour tous les autres, qui ont tous entrepris des études supérieures et sont désormais avocats ou enseignants, entre autres.

C'est cela que j'ai visé pendant quarante-cinq ans (et je continue dans une école de journalisme locale) : intégrer à une culture et assimiler à une nation. Et non, je ne suis pas naïf. Ceux qui se croient plus avisés sont des demi-habiles.

D'où mon combat pour une école de la transmission, délibérément saccagée par des politiques qui voulaient une chair à consommation qui ne pense pas. Nombre de profs « de gauche » (ou prétendus tels) préfèrent « respecter » les superstitions de leurs élèves. Ils ont tort, c'est ainsi que l'on fabrique des extrémistes – en ne leur offrant rien d'autre que l'inculture dont ils viennent. Si la parole du professeur est faible ou peu crédible, alors celle de l'imam prend le dessus – aussi taré soit-il.

Ceux parmi mes lecteurs qui me traitent de doux illuminé feraient bien d'y réfléchir à deux fois. Les férus d'histoire voudront bien se souvenir que les « barbares », avant de déferler au IVe siècle, avaient trouvé leur place dans l'Empire en s'intégrant via la langue et la culture. Nombre d'entre eux finirent par postuler à des emplois éminents – voire à la tête de l'Empire. C'est si vrai que lorsque la pression démographique des Germains s'est faite trop forte et qu'ils sont effectivement entrés par tous les trous du *limes*, ils ont adopté la langue, la culture, la civilisation romaines. Ils n'ont pas importé leurs croyances, abandonnées dans leurs obscures forêts germaniques.

C'est cela que nous sommes en train de rater, en renonçant à éduquer correctement, à apprendre à bien parler français et à ventiler les populations nouvellement arrivantes sur tout le territoire. Ah, vous voulez construire des murs ? Maginot, nous voilà !

L'Éducation doit viser à intégrer tous les élèves, quelle que soit leur origine, dans le grand bain français. Et moins ils parlent notre langue au départ, plus il faut leur imposer d'heures de cours. Quitte à les arracher à leur famille, à les élever dans des internats consacrés à cet usage et à leur faire goûter à la cantine les produits du pays – parce qu'on s'intègre aussi par la cuisine.

Je ne suis en rien un rêveur. Simplement, l'expérience de quarante-cinq ans d'enseignement m'a prouvé que ça marche. Bien sûr, il y aura sans doute du déchet. Mais il y en a aussi avec les « Français de souche » – si tant est que je sache ce que signifie une pareille appellation.

Il est temps de tirer ma révérence. Quarante-cinq ans d'enseignement – noces de vermeil. Mais presque cinquante ans d'Éducation nationale – noces d'or. Qui m'aurait dit, inconstant comme je suis, qu'en passant l'agrégation de lettres en 1975, trois ans après mon entrée à l'ENS, je respecterais un pareil engagement ? Mais il en est de l'enseignement comme de toutes les histoires d'amour. Certains convolent pour l'argent – ils sont vite déçus, c'est un métier qui ne rapporte rien, sinon des sarcasmes. D'autres par passion – mais voilà, ça finit vite en feu de paille, et l'enseignant blousé par l'objet de son amour erre, lamentable, dans les salles des profs, en maudissant ses élèves…

Et puis il y a les mariages de raison – les seuls qui tiennent. N'attendre de l'autre que ce qu'il peut donner, ne rien lui promettre que l'on ne puisse tenir. Qu'ai-je promis à ces quatre mille cinq cents élèves fréquentés en quarante-cinq ans ? De les amener au plus haut de leurs capacités. Les leurs, pas celles du voisin ni celles du cancre de service. On ne progresse pas en s'alignant sur le plus malhabile – même si c'est devenu, depuis presque trente ans, le principe de ceux qui ont démantelé l'école de la République, ces « pédagogistes » qui vous en feront voir, si jamais vous choisissez ce métier de chiens et de seigneurs. Parce qu'ils seront encore là – comme les tiques sur un dogue.

Métier de chien : j'ai été promené à des centaines de kilomètres parfois de mon domicile, et pendant des années. Hormis cette ultime décennie, où par hasard j'ai enseigné dans le lycée où je fus élève, je n'ai jamais enseigné à moins d'une heure et demie de chez moi

– trois heures de transport par jour, dans des trains de banlieue ou des cars. Au bout de l'épuisement.

Mais le vrai transport en commun, c'était avec vous que je le vivais. Vous, mes élèves. On ne fait pas ce métier sans y avoir été appelé : c'est ce que l'on appelle une vocation. Et l'on n'y persiste pas sans amour. Ma plus belle histoire d'amour, c'est vous.

Savoir si vous le méritiez n'a jamais été la question. Si on se séparait du partenaire de sa vie à chaque déconvenue… C'était le job – et le job m'a maintenu à flot aux heures sombres. Regarder des rails, dans une banlieue sinistre, avec concupiscence – et ne pas sauter parce qu'on a rendez-vous avec trente ou trente-cinq garnements qui ne maîtrisent pas encore l'accord du participe passé avec le COD antéposé : excellente raison de survivre. Au fond, c'est moi qui vous suis redevable.

Oui, je vous dois au moins autant que ce que je vous ai donné – ou que j'ai essayé de donner. Enseigner fut vital : l'administration, d'ailleurs, compte sur la niaiserie de ceux qui, comme moi, se sont fait un devoir d'enseigner. Ce fut une religion laïque, une foi sans dieu ni messie. À quoi bon ? Mon chemin était écrit.

Nous avons tous besoin de transcendance. Ce métier m'a donné, en la matière, tout ce que je désirais. D'où mon incompréhension, parfois, devant l'attitude de certains de mes collègues. D'où ma colère, aussi, face à ceux qui ont délibérément saboté l'École pour la plus grande satisfaction de leur ego de cloportes. Les ministres successifs les ont promus ou les ont tolérés, quand ils auraient dû les révoquer d'entrée. Ou les pendre. Tant pis. On enseigne aussi contre le système.

D'ailleurs, sauf dans les moments où l'on m'imposait un programme précis, je n'ai jamais compulsé les instructions officielles. Mon job, c'était d'enseigner la langue et la littérature françaises – et j'étais le mieux à même de savoir, en fonction des êtres réels que j'avais face à moi, ce qu'il convenait de faire d'abord – ou ensuite. Vous faire monter au plus haut de vos capacités. Allier le prêt-à-porter et le sur-mesure.

Une seule fois, je me suis laissé aller à assister à l'une de ces séances de formation dont tant de profs sont avides. Deux inspecteurs prétendaient analyser un texte de Voltaire. Au bout de dix minutes, constatant qu'ils alignaient contresens et approximations sur un ton péremptoire, j'ai fait mine de poser une question innocente et j'ai repris le texte à la base. En détail. Ça ne m'a pas rendu leur ami, ils ont tout fait pour saboter ma carrière – mais il est des sacrifices qu'il faut savoir faire.

Donner une culture ne devrait poser de problèmes à personne – si les pédagos ne s'étaient mis en tête d'écrire « cultures » au pluriel, de promettre de « respecter » les idées des uns et des autres, et ne s'étaient interposés entre la lumière et vous.

« Respect mon cul », dirait Zazie. À tout respecter, on ne progresse pas. Enseigner, c'est violer chaque jour davantage. Ébranler le patrimoine et le matrimoine. C'est initier. Et libérer enfin.

Nous ne sommes pas là pour amener la paix, mais la guerre – guerre aux poncifs, aux idées reçues, aux certitudes. Ne rien laisser debout – et rebâtir ensuite.

Hasards de carrière, choix personnels aussi, j'ai enseigné longtemps dans des établissements oubliés de tous, en zone agricole où l'on apprend l'arithmétique en comptant les rangées de betteraves, ou en « zone d'exclusion programmée », à la périphérie de la périphérie, où l'on apprend la géométrie en regardant les HLM.

D'aucuns vous suggèrent aujourd'hui d'apprendre la langue en écoutant des chansons qui la broient en un magma infâme. Pour votre bien, disent ces bons apôtres – qui chez eux nourrissent leurs enfants avec Bach ou Racine. Quelle bande de salopards, quand j'y pense...

La langue française est celle qui a été écrite, des siècles durant, par les meilleurs écrivains – pas dans les borborygmes de la rue. Face à des élèves qui croyaient que le Ministère A.M.E.R. était l'alpha et l'oméga de la poésie, j'ai commencé un jour l'année par Mallarmé – « donner un sens plus pur aux mots de la tribu ». Et mes loulous ont fort apprécié que je ne les prenne pas pour des crétins – tout ce à quoi ils avaient eu droit jusque-là.

Parce qu'on vous a pris pour des crétins – individuellement et collectivement. On vous a enserrés dans des ghettos, on vous a fait croire que l'orthographe était un rite bourgeois, que les ordinateurs bientôt vous déchargeraient de ces contraintes minuscules et essentielles... Ah oui ? Tapant sur mon portable, sur la page Facebook d'une amie, la sentence latine bien connue, *Asinus asinum fricat* (l'âne se frotte à l'âne, ou, si vous préférez, les connards se congratulent), la machine a immédiatement corrigé : « anus assidûment frit »... « Intelligence artificielle » est un splendide exemple d'oxymore. L'ordinateur le plus puissant est un âne. Comme ceux qui vous disent le contraire.

Je vous laisse en cours d'année – en cours de trimestre même. J'ai fait ce que j'ai pu pour vous transmettre, jusqu'au bout, le goût de la langue, de la littérature – et l'ambition. Ne laissez personne – et surtout pas ceux qui voudraient réserver les places pour leurs propres enfants – vous dire que « ce n'est pas pour vous ». Ne laissez pas vos parents brider vos ambitions. Allez jusqu'au bout de ce que vous pouvez faire. C'est une course de longue haleine, que l'on est tenté parfois d'abandonner, mais il y a toujours une réserve, un deuxième souffle. Choisissez-vous un destin qui soit en accord avec vos désirs – et ne laissez personne décider de ce que sont vos capacités. Bien sûr que vous n'intégrerez pas tous les plus grandes écoles. Mais vous réussissez au moins au plus haut de vos capacités. Vous pouvez tous plus que ce que l'on vous a fait croire : aucune histoire n'est écrite d'avance.

P.-S. : Je demande humblement pardon à qui de droit de mon caractère de chien, certains jours, pendant la rédaction de cette étude. Mais revenir sur ce que l'on a fait ces quarante dernières années à l'école de la République ne me mettait pas toujours de bonne humeur. Et si l'on me reproche de m'énerver parfois dans certains débats, face à la bêtise satisfaite des massacreurs de l'École, je ne peux que répéter ce que d'Aubigné fait dire à la France épuisée par les guerres de religion : « Je n'ai plus que du sang pour votre nourriture. »

Table

Seconde partie

VERS UNE RÉVOLUTION SCOLAIRE

Cet ouvrage a été composé
par Facompo
à Montrouge (Hauts-de-Seine)

Impression réalisée par
NORMANDIE ROTO IMPRESSION S.A.S.
à Lonrai (Orne)

en juin 2022
pour le compte des Éditions de l'Archipel,
département éditorial de la S.A.S. Écriture-Communication

Imprimé en France
N° d'impression : 2203509
Dépôt légal : mars 2022